I0119845

Genderperformances

»Substanz«

ANna Tautfest

Genderperformances

Mimikry im Feministischen
und Post-Kolonialen Kontext

Marta
press

Die Deutsche Bibliothek verzeichnet diese Publikation
in der Deutschen Nationalbibliografie.
Detaillierte bibliografische Daten sind im Internet abrufbar unter
http://dnb.d-nb.de

Besuchen Sie uns auch im Internet:
www.marta-press.de

Titelbild:
Still aus dem Musikvideo "Ima Read" (2012)
von Zebra Katz, Regie: Ruben Sznajderman.

1. Auflage Juni 2018
© 2018 Marta Press Verlag Jana Reich, Hamburg, Germany
www.marta-press.de
ISBN 978-3-944442-54-9

Inhalt

Einleitung

In der vorliegenden Publikation[1] beschäftige ich mich mit gesellschaftlich normiertem Rollenverhalten. In Bezug auf Auftreten und Performance werden zugeschriebene Eigenschaften erörtert, die sich in Gesten, Mimik, Kleidung etc. spiegeln. Die Äußerlichkeit dieser Geschlechtszuweisungen wird auf mehreren Ebenen thematisiert und der Versuch unternommen, eine Verschneidungsfigur herauszukristallisieren, die zu Selbstermächtigungszwecken stark gemacht werden kann. Hierzu nehme ich feministische Ansätze von Maskerade und Mimikry in den Blick und lese verschiedene postkoloniale Ansätze in Bezug auf diese Termini.

Lässt sich der Begriff des *Othering* aus dem postkolonialen Kontext auf die Konstruktion von Zweigeschlechtlichkeit und ihrer Bezogenheit aufeinander anwenden? Die Unmarkiertheit der Weißen gegenüber den ‚Anderen', die nicht weiß sind, findet sich auch in der Unmarkiertheit des männlichen Geschlechts wieder. Dies wird bei Lacan auf der Ebene der Schrift klarsichtig: „Es gibt nicht Die Frau, bestimmter Artikel, um zu bezeichnen das Universale. Es gibt nicht *Die* Frau, denn – ich habe den Ausdruck bereits riskiert, und weshalb sollte ich da zweimal hinschauen – ihrem Wesen nach ist sie nicht alle."[2] Das „Die" müsste durchgestrichen erscheinen als ~~Die~~ Frau, wie im Titel des Kapitels: „Gott und das Genießen ~~der~~ Frau".[3]

Nicht nur in der Schrift, sondern auch im allgemeinen Sprachgebrauch existiert das Weibliche nur als die Ausnahmeform zur Norm –

---

[1] Der Text beruht auf einer Arbeit von 2014. Inzwischen arbeite ich vertiefend in dem umrissenen Theoriefeld an einer künstlerisch-wissenschaftlichen Dissertation zum Thema "Futur II" und den Möglichkeiten, die diese Zeitform an rückwirkender Veränderung birgt. Spekulative Fiktionen werden hier als Mittel zum Aufbrechen von Konvention und Normativität untersucht und gelesen.
[2] Lacan, Jacques: „Encore. Das Seminar Buch XX", S. 80.
[3] Ebd., S. 71.

dem Männlichen. So erläutert auch Bourdieu: „[D]as männliche Geschlecht [erscheint] in der sozialen Wahrnehmung wie in der Sprache als nicht weiter gekennzeichnet, gleichsam neutral [...], im Gegensatz zum weiblichen, das explizit charakterisiert wird."[4]

Auch das Konzept des *Hybriden* aus postkolonialen Theoriezusammenhängen lässt sich sinnbildlich auf die Bezogenheit von Männern und Frauen aufeinander übertragen: Weicht man von diesem dualistischen Bild, welches jegliche Geschlechtlichkeit in dieser Binarität konstruiert, ab, kommt man zu einem vielschichtigeren, durchlässigeren, verschiebbaren Bild von Geschlechtszuweisungen. Das Gefüge wird hybrid.

Welche Strategien des Widerstands können in beiden Kontexten angewendet werden und sich gegenseitig verstärken?

Das Ergründen der Fiktionalität von gesellschaftlichen Entwürfen, die eben keiner natürlichen Ordnung entspringen, ist insofern ein Anliegen der Arbeit, um sich Rüstzeug anzueignen, mit dem man in dieser Fiktion mitspielen und sie umschreiben kann. Die Techniken der Einschreibung und Umschreibung bekommen so auch zentrale Bedeutung in der Arbeit und verstehen sich als Handlungsoptionen und Koordinaten in einem zu führenden Diskurs.

Das Vorwegschreiben eines gesellschaftlichen Wandels im Imaginieren einer anders gearteten Welt, die sich nicht an das vorgegebene Drehbuch hält, schafft in seinem fiktiven Herstellen von Realität Öffnungen im Denken. Das Eingreifen und Mitmischen in Diskurse verschiebt diese und kann sie in neue Richtungen weiterschreiben. An der Fiktion einer gesellschaftlichen Ordnung mitzuschreiben und diese aus eigener Perspektive zu umschreiben, ermächtigt zur Teilhabe. Sei dies auch ‚nur' in imaginierten, fiktiven Szenarien, haben diese – einmal in der Welt – die Möglichkeit, sich den gesellschaftlichen Narrationen und Fiktionen anzuschließen und sie so zu verändern. In diesem Sinne werden in der vorliegenden Arbeit auch künstlerische Produktionen auf ihre Möglichkeiten der Einschreibung hin untersucht. Subkulturellen Ausdrucksfor-

---

[4] Bourdieu, Pierre: „Die männliche Herrschaft", S. 21.

men und Lebensweisen, die über Mainstream-Aneignungen im popkulturellen Kontext ihre Auswirkungen zeigen, wird nachgegangen, ihr Einfluss auch auf theoretische Kontexte deutlich gemacht (Butler / Phelan).

Verschiedene Taktiken, wie beispielsweise das Aufstellen von Gegenwahrheiten („Majorité Opprimée"[5], „Africa Paradis"[6]), werden nachvollzogen und unter theoretischen wie künstlerischen Aspekten reflektiert. Hier werden normative Narrative und gesellschaftlich festgeschriebene Status in den Blick genommen, infrage gestellt und dekonstruiert. Strategien der Unterlaufung, der Aneignung, von De-Kontextualisierung und Mimikry sind dabei von zentraler Bedeutung.

---

[5] http://www.independent.co.uk/arts-entertainment/films/features/majorit-opprime-its-a-womans-world-9120174.html; Pourriat erzählt die Geschichte alltäglicher sexueller Belästigung von Männern in einer matriarchalen Gesellschaft. Der Perspektivwechsel verdeutlicht alltägliche Strukturen in pointierter Weise.

[6] Amoussou, Sylvestre: „Africa Paradis", 2006; Umkehrung der Verhältnisse im Jahr 2040: Flüchtlingsströme von Europa nach Afrika sind an der Tagesordnung. In dieser Umkehrbewegung werden heutige Herrschaftsverhältnisse verdeutlicht.

I. Habitus

Gesten, Mimik, Haltungen - Habitus - prägen das Erscheinungsbild des Persönlichen. Und dennoch sind sie starken Normierungen unterworfen, deren Kodierungen in Bezug auf geschlechtliche Zuweisungen ich nachgehen werde. Die individuelle Erscheinung jede_r Einzelnen setzt sich aus verschiedenen Einflüssen zusammen, ist geprägt von persönlichen Erlebnissen und wird individuell zugeschnitten und bewusst in Szene gesetzt. Sie soll so originell wie möglich sein, unsere Persönlichkeit herausstellen, unsere Einzigartigkeit belegen und uns gleichzeitig in einen Kontext einordnen, einer Gruppe zugehörig machen. Der persönliche Ausdruck, die individuelle Selbstinszenierung scheinen überwichtig in einer globalen Gesellschaft mit der Möglichkeit zur permanenten Vernetzung. Die Abgrenzung voneinander wird als selbsterhaltend notwendig, da die Grenzen immer weiter verwischen. Und trotz des hohen Maßes an individualisierter Selbstinszenierung bleibt die Norm der Gesellschaft klar ablesbar, wird die Zugehörigkeit bzw. Abgrenzung von vorgegebenen Standards deutlich. Die angelernten Gesten und Haltungen, die wir an den Tag legen, werden von unseren Mitmenschen entziffert, gedeutet und eingeordnet. Das alles in Sekundenschnelle und ohne sich dessen bewusst zu werden. Wir sind Expert_innen im Dechiffrieren alltäglicher Codes, haben gelernt, bestimmte Filter einzubauen und uns im vorgefundenen Kontext selbst zu positionieren. Die Verortung von sich selbst und die Positionierung gegenüber anderen in einer Situation bilden die Grundlage jeglichen Verhaltens. Jede Verortung schließt aber auch andere Verortungen aus. Abgrenzung bedeutet auch Ausgrenzung. Der klare Standpunkt innerhalb eines Gefüges verneint auch immer mögliche andere Perspektiven. Wer ohne Positionierung, Abgrenzung und Verortung ist, schwebt im luftleeren Raum und verliert sich selbst aus den Augen. Dennoch verschiebt sich die eigene Perspektive permanent, ist abhängig vom Gegenüber und dessen Sozialisation etc. Es geht also eher darum, diese

Verschiebung der Perspektive anzuerkennen, zu suchen. Die Perspektive beweglich zu halten. Grenzen können weich und durchlässig sein, Facetten verschieben sich, der Prozess des suchenden Seins dauert an. Um die Aufweichung fest gefügter vorherrschender Strukturen und Machtgefüge voranzutreiben, ist es notwendig, ihre Konstruiertheit in den Blick zu nehmen und ihre Wahrheiten infrage zu stellen.

II. Körperliche Ausdrucksformen

1. Marianne Wex

Als Einführung in die Thematik dient mir die Arbeit „‚Weibliche' und ‚männliche' Körpersprache als Folge patriarchalischer Machtverhältnisse" der Künstlerin Marianne Wex.

Wex hat in den 1970er Jahren eine Fotostudie begonnen, anhand derer sie die Haltungen von Personen im öffentlichen Raum und Leben analysiert hat. In der Gegenüberstellung von mehr als 2000 Fotografien liefert sie einen Bildband, der allein durch das abgebildete Material aussagekräftig über die Körpersprache unterschiedlicher Personengruppen erzählt: Vornehmlich wird hier eine Unterscheidung zwischen weiblichem und männlichem Geschlecht aufgemacht. Es lassen sich aber innerhalb der einzelnen Gruppierungen durchaus weitere maßgebliche Merkmale wie Alter, Status, Kleidung, Anlass etc. ausmachen. Der Band ist inhaltlich in drei Teile gegliedert: Körperhaltungen auf Fotografien des 20. Jahrhunderts, Körperformen und -inszenierung bei Skulpturen im historischen Rückblick, angefangen bei den Ägyptern, und Kopfdarstellungen, sowohl historisch bildnerisch, als auch fotografisch gegenwärtig (1979).

Fotografische Reihen

Ihrer eigenen Materialsammlung an erstellten Fotografien im öffentlichen Raum (Teil 1) stellt Wex Fotografien des öffentlichen Lebens aus Werbung, Magazinen usw. gegenüber. Auch anhand der Magazinfotografien wird auf die unterschiedliche Darstellungsweise von Frauen und Männern fokussiert, was besonders in der Werbefotografie deutlich wird.

Die Gliederung dieses Teils des Buches erfolgt entsprechend in Kategorien wie ‚Bein- und Fußhaltungen'. Die Anordnung der Fotos folgt diesen Kategorien, es wird immer jeweils eine Reihe mit Protagonisten einer Reihe mit Protagonistinnen auf der linken Seite des Buches gegenübergestellt. Auf der rechten Seite sitzt mittig ein Kommentar, während rechts davon meist die Ausnahmen der Reihen abgebildet sind. Diese sind wiederum mit einem Kommentar versehen. Die kommentierende Stimme hat einen sehr persönlichen Tonfall und ist stark durch den Blickwinkel der Autorin eingefärbt. Die serielle Reihung der Bilder jedoch spricht eine eigene Sprache und kommentiert auf der visuellen Ebene die Beziehung zwischen männlichem und weiblichem Rollenverhalten in der Öffentlichkeit zueinander.

Abbildung 1: M. Wex, Abbildung der Seiten 12 und 13.

Schon anhand dieses Miniatur-Seitenaufbaus lassen sich bestimmte, immer wiederkehrende visuelle Auffälligkeiten festhalten: In der oberen Reihe sind Schnappschüsse von männlichen Wartenden abgebildet, in der unteren von weiblichen. Der Bildausschnitt ist immer so gewählt, dass die Figur vom Scheitel bis zu den Zehen abgebildet ist. In die obere Reihe passen bloß sechs Abbildungen, in die untere acht. Die raumgreifende, als männlich ausgewiesene Haltung, schlägt sich direkt in der grafischen Wiedergabe als kompaktes fast-Quadrat nieder. Die weibliche Silhouette ist wesentlich schmaler, lesbar als Komposition vertikaler Linien. In den rechts stehenden, als Ausnahmen gekennzeichneten Abbildungen, kehrt sich der Platzverbrauch dann auch direkt um: Die beiden männlichen Protagonisten werden schmaler in den weiblich konnotierten Haltungen, die Frauen nehmen in der oberen Reihe mehr Platz ein.

Wex legt ihr Augenmerk in den Reihen auf jeweils ein Spezifikum, wie z.B. die Handhaltung. Sie spitzt ihre Thesen durch das Hinzufügen von Werbefotografien und die Inszenierung von Personen des öffentlichen Lebens zu. Oftmals bilden diese die Ausnahmen in ihren Reihen, die Frauen werden bewusst in als männlich geltenden Gesten inszeniert, um sie attraktiver, sexuell verführerisch oder auch selbstbewusst wirken zu lassen. Viele der werbefotografischen Inszenierungen entsprechen aber auch genau dem Klischee der weiblichen Frau, die ihren Körper möglichst schmal, elegant, wenig raumgreifend dem Mann oder männlichen Blick präsentiert. Das Zusammenhalten von Beinen und Füßen hat einen verniedlichenden Effekt, nicht zuletzt, weil es auch als Abwehrhaltung gegenüber einer offensiven Sexualität gelesen werden kann. Der Mann jedoch taucht meist breitbeinig auf und suggeriert hierdurch Besitzansprüche – zumindest an seinen Sitzplatz – während die breitbeinige Haltung bei ihm aber nicht als sexuelles Anbieten gedeutet wird. Die Haltung ist wesentlich raumgreifender, meist unterstützt durch ausladende Armhaltungen und suggeriert Selbstbewusstsein, Präsenz und Überlegenheit.

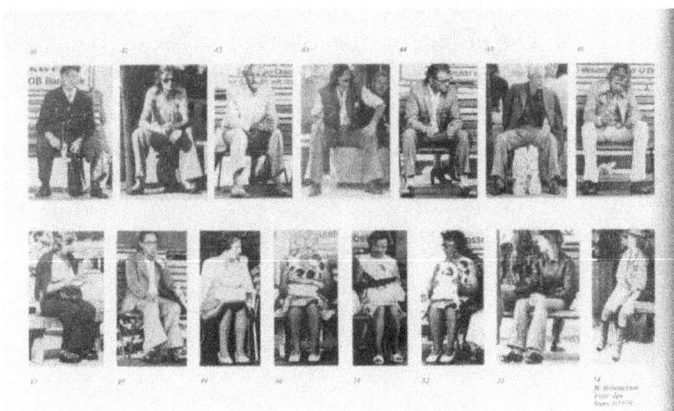

Abbildung 2: M. Wex, Bein- und Fußhaltungen, S. 18.

Es werden auch immer wieder Bilder von Paaren gezeigt, bei denen sich beide innerhalb der ihnen zugeschriebenen Rolle präsentieren. Meist hält der Mann die Frau, oft lehnt sie etwas angeschrägt an ihm, ihr Kopf gerät so auch im Sitzen unter seinen. Sie hat oft die Beine geschlossen in seine Richtung gelehnt, während er ausladend und entspannt dasitzt. Die Haltungen wirken ‚natürlich‘, nicht geziert oder angelernt.

Abbildung 3: M. Wex, Paardarstellungen, S. 15 und S. 43.

Unser Blick ist allgegenwärtig durch die Blicknormen und Erziehung vorgeprägt und nimmt derartige Haltungen als völlig ‚normal‘ wahr. Wohingegen eine offensiv breitbeinig in der U-Bahn sitzende Frau sogleich als provokant und außergewöhnlich – außerhalb der Norm – wahrgenommen wird. Die „Übungen für Männer" in Nancy Henleys Buch stellen nur einen kleinen Versuch dar, die Markierung von weiblichem Verhalten und dessen Sichtbarkeit erfahrbar zu machen.[7]

---

[7] Henley, M. Nancy: „Körperstrategien: Geschlecht, Macht und nonverbale Kommunikation", S. 206-207.

2. Bück dich, um einen Gegenstand vom Boden aufzuheben. Wenn du dich nach vorn beugst, achte darauf, daß dein Hintern nicht in die Luft steht; lege die rechte Hand an die linke Achsel (oder vice versa) und presse den Arm gegen deine Brust. Diese Übung verschafft dir die Erfahrung einer Frau mit einem kurzen und weit ausgeschnittenen Kleid, die sich nach vorn beugt.

Abbildung 4: N. Henley, Übungen für Männer, Ü2, S. 206.

Selbst Kinder werden schon in diesem Sinne inszeniert und erzogen: Mädchen mit keusch geschlossenen Beinen neben Jungs, die breitbeinig ihre Rolle einnehmen.

Abbildung 5: M. Wex, stereotyp männliche und weibliche Körperhaltungen bei Kindern, S. 17 und S. 55.

Aufgrund der Zeitspanne, die seit den Aufnahmen in den 1970er Jahren vergangen ist, wäre anzunehmen, dass es heutzutage ganz anders sei. In gewisser Hinsicht haben sich die Haltungen von Männern und Frauen tatsächlich etwas einander angenähert. So ist es ein viel gewohnteres Bild, auch Männer mit überschlagenen Beinen in der U-Bahn zu sehen. Nichtsdestotrotz bleibt augenfällig, dass Männer mehr Raum für sich beanspruchen, was besonders in öffentlichen Verkehrsmitteln anschaulich festzustellen ist, und dass es sehr ungewöhnlich erscheint, wenn eine Frau in weit ausladender Pose dasitzt. Das oftmals auf Kleidung (kurzer Rock) zurückgeführte Verhalten ist aber umgekehrt motiviert:

> „‚[E]ine Frau in einem Hosenanzug [darf] nicht wie ein Mann gehen; und sie soll es vermeiden, beim Sitzen die Beine auseinanderzunehmen, geschweige denn, die Füße auf den Tisch zu legen' [...] Auch bei den Unterschieden zwischen männlichen und weiblichen Haltungen sehen wir also, daß diese sich nicht aus unterschiedlicher Anatomie oder Kleidung herleiten, sondern, daß sie dazu herhalten, die Kluft zwischen den Geschlechtern zu vertiefen."[8]

Vielleicht wird dieses antrainierte Rollenverhalten besonders deutlich an einem etwas karnevalesken Beispiel: den „Around the Globe No pants Subway Rides"[9]. Hier tragen Frauen wie Männer untenherum nichts außer ihren Unterhosen, fahren in der U-Bahn zur Arbeit und gehen ihren alltäglichen Geschäften nach. Trotz der nun rundherum ‚gleichgestellt' freigelegten Unterteile, lässt sich weiterhin eine sehr geschlechtsspezifische Haltung unter den Partizipierenden feststellen. Frauen überschlagen ihre Beine, während Männer auch so unbedeckt keinerlei Scheu zeigen, breitbeinig dazusitzen.

Das doch sehr in Fleisch und Blut übergegangene Verhalten, welches weibliches oder männliches Erscheinen evoziert, lässt sich also keineswegs als überwunden konstatieren. Im Großen und Ganzen zwar etwas abgeschwächt, bildet es immer noch die Grundlage für die Darstellung der Geschlechterrollen.

---

[8]   Ebd., S. 204; Henley zitiert hier Vanderbilt, Amy in: Stannard, Una: „Clothing and Sexuality", 1971.

[9]   http://www.dailymail.co.uk/news/article-2261974/Commuters-globe-ditch-trousers-12th-annual-No-Pants-Subway-Ride.html.

Abbildung 6: Unten ohne in der U-Bahn, klassische Beinhaltungen werden beibehalten; in: http://www.dailymail.co.uk

Neben so plakativen Beispielen wie dem in der U-Bahn gibt es nach wie vor zahlreiche Bilder in der Werbung, die auf genau diesem Schema aufbauen: dem Raumgreifenden, be-sitzenden Mann und der zierlichen, schmalen Frau, die ihren Platz teilweise an ihren Nebenmann abgibt. Auch die ‚Man for a day'-Workshops, die die Künstlerin Diane Torr gibt, bauen auf dem Prinzip auf, sich das ‚männliche' Körperspra-che-Repertoire anzueignen. Mithilfe von Kostüm und Schminke, vor al-lem aber von angeeigneten Gesten und Sprechweisen, werden die Teil-nehmerinnen auf ihren öffentlichen Auftritt als Mann im ganz normalen Leben vorbereitet. Sie verbringen ihren Tag als Mann – als ‚drag king' – in der Stadt, im öffentlichen Leben und probieren aus, wie es sich als Mann lebt, und was für neue Möglichkeiten sich auftun. Es geht hier we-niger darum, perfekt Männlichkeit zu imitieren und unbedingt als Mann durchzugehen, als vielmehr darum, die Möglichkeit zu ergreifen, sich eine eigene Identität als Mann auszudenken und zu konstruieren. Die

Konstruktion von Identität durch Verhaltensweisen wird hier in einer persönlichen Erfahrung deutlich und bringt die Möglichkeit mit sich, einige Verhaltensweisen beizubehalten und sich etwas aus dem Gender-Korsett herauszuwagen.[10]

Nach diesem kleinen Exkurs in die Körperhaltungen der Gegenwart nun zurück zur Sammlung von Marianne Wex.

Statuen

In Teil 2 ihrer Zusammenstellung geht Wex dem Ursprung verschiedener von ihr aufgefundener Gesten anhand der Analyse antiker Statuen und Marienabbildungen nach. Die Veränderung sowohl von Körperhaltungen als auch Körperproportionen wird in der zeitlichen Abfolge der betrachteten Statuen und Abbildungen deutlich.

In dem Band finden sich also eigens aufgenommene Körperhaltungen auf Fotografien, Darstellungen von Körpern in Magazinen als Repräsentationen öffentlichen Lebens und Repräsentationen idealer Körperformen in Abbildungen aus der bildenden Kunst. Diese Gegenüberstellung sehr unterschiedlich zu betrachtender Repräsentationsformen findet auf der Ebene des Buches statt und erhält hierdurch eine Vereinheitlichung, die der Argumentation Wex' sehr entgegenkommt. Alle Bilder sind auf dieselbe Größe gebracht und scheinen so direkt vergleich- und miteinander verhandelbar. Auch wenn zwischen den Formen der Repräsentation (Körperhaltung, Alltag, Werbefotografie, bildnerisches Ideal) unterschieden werden muss, hängen sie doch unmittelbar zusammen und es lohnt sich, diesen Zusammenhang näher zu betrachten.

In der dargestellten Bildabfolge (Auswahl S. 270-276[11]) verschiedener Mariendarstellungen ist eine stetige Veränderung der Beinstellung zu beobachten. Von der frontalen Sitzhaltung mit geöffneten Knien und hüftbreit gestellten Füßen ändert sich die Darstellung hin zu einer etwas

---

[10]   Siehe http://dianetorr.com/workshops/man-for-a-day-workshop/
[11]   Wex, Marianne: „‚Weibliche' und ‚männliche' Körpersprache als Folge patriarchalischer Machtverhältnisse", S. 270-276.

angeschrägten Sitzperspektive, bei der die Knie immer weiter geschlossen gehalten werden. Parallel wird auch die restliche Körperhaltung im Laufe der Zeit immer weniger raumgreifend. Die Haltung des Kopfes verändert sich langsam von einer aufrechten, frontalen Haltung mit nach vorne gerichtetem Blick hin zu einem etwas schräg gelegten Kopf, die Augen leicht nach unten oder nach oben gerichtet. In diesen Veränderungen spiegelt sich das gesellschaftlich veränderte Bild der Frau in den Darstellungen des weiblichen Körpers in der Kunst. Während den Bildnissen beider Geschlechter zunächst eine ähnliche Körpersprache inne war, lässt sich die räumliche Verkleinerung der Gesten bei weiblichen Darstellungen ablesen und mit den gesellschaftlichen (Anstands-)formen in Verbindung bringen. Wex sieht in diesen Verschiebungen der Hand- und Beinhaltungen der Bildnisse einen Spiegel der gesellschaftlichen Verhaltenskodizes, aber auch ein Medium, anhand dessen Einsichten in frühere Formen des gesellschaftlichen Zusammenlebens möglich werden.

16
Um 1060
Madonna
des Bischofs Imad,
Paderborn,
Diözesanmuseum

18
Um 1180
Maria,
Reims, Kathedrale
Notre-Dame

21
Um 1235
Madonna,
Bamberg, Dom

40
Um 1300
Maria,
Roncesvalles,
Stiftsmuseum

43
Um 1325
Madonna,
Maulbronn,
Pfarrkirche

65
Vor 1618
Eine der ‚drei
theologischen Tugenden',
N. Stone d. Ä.,
Delft, Oude Kerk

80
1790
Verlassene Psyche,
Augustin Pajou,
Paris

83
1870
Mutter und Kind,
R. Begas,
Hamburg,
Kunsthalle

Abbildung 7: M. Wex, Abfolge von Statuen zeitlich geordnet, S. 270-276.

22

2. Bildspeicher

Die gesellschaftlichen Veränderungen und die damit einhergehenden Anpassungen im Ausdruck von Gesten und Haltungen brauchen länger, um ihren Niederschlag auch in der Darstellung von Skulpturen und Bildnissen zu finden. Die Darstellungen der bildenden Kunst lassen somit langanhaltend Schlüsse auf eine vorherige Ordnung – in diesem Fall wesentlich weniger geschlechtlich geprägter Körperhaltungen – zu. Der Wandel der gesellschaftlichen Bild-Realität eilt zu diesem Zeitpunkt den bildnerischen Formen weit voraus. Andererseits ist das bildnerische Werk beständiger und bleibt im kulturellen Gedächtnis lange vorhanden; es hallt nach. Es bestimmt die Sehgewohnheiten ebenso mit wie alltägliche Begegnungen mit Ausdrucksformen unserer Mitmenschen.

In einem von Medien überhäuften Zeitalter wie heute kehrt sich der Mechanismus des einprägenden Ausdrucks sogar um: Die im Internet, auf Plakatwänden oder Filmen gefundenen Bilder beeinflussen unsere Sehgewohnheiten so stark, dass unsere Wahrnehmung der Realität von diesen vorgeprägt ist.

Die bildhafte Speicherung von Ausdrucksweisen geht über deren Auftreten hinaus in die kollektive kulturelle Wahrnehmung von Bild-Realitäten ein und beeinflusst unsere Reaktion und das eigene Repertoire an Möglichkeitsszenarien im realen Leben.

An dieser Stelle tut sich die Möglichkeit auf, durch das Einschreiben von ‚anderen‘ Bildern in ebenjene Bildspeicher oder durch die Etablierung neuer Leseweisen[12] schon vorhandener Bildwelten (Kontextverschiebung, Kombination, Fokussierung, Details), eine Einwirkung auf normierte Erscheinungsbilder zu erlangen und stereotypen Zuschreibungen entgegenzuwirken. Die Einschreibung ins kulturelle Gedächtnis und somit in die persönliche Wahrnehmung jede_r Einzelnen etabliert offenere Bildwelten und verschiebt die Perspektive in der alltäglichen Begegnung mit nonkonformen Bildern. „Nothing happens in the `real´ world

---

[12] Z.B. Pathosformel bei Aby Warburg.

unless it first happens in the images in our heads"[13], beschreibt es Gloria Anzaldúa in ihrer Analyse von Identitätspolitik. So wird der Bildspeicher selbst zur Umschreibung normierter Bilder genutzt, massenmediale Vermittlungsformen wie beispielsweise Film oder Youtube-Videos tragen zur Verbreitung bei. Es entsteht ein hybrideres, löchrigeres, unscharfes Bild der Welt.

Der Band „‚Weibliche' und ‚männliche' Körpersprache als Folge patriarchalischer Machtverhältnisse" ist eine Sammlung von Körperhaltungen aus verschiedenen Zusammenhängen. Mit historischem Material, Abbildungen von Kunstwerken, kommerziellen Fotografien und eigens dafür angefertigten Bildern stereotyper Körperhaltungen stellt er auf unterschiedlichen Ebenen eine Lesbarkeit von Gesten her. Er schärft auch den Blick für alltägliche typisierte Gesten und Mimik. Auch ohne den begleitenden Text von Wex wird auf der visuellen Ebene ihrer eigenen aufgenommenen Fotografien beeindruckend klar, wie das Konstrukt von ‚weiblichem' und ‚männlichem' Verhalten in körperliche Äußerungen eingebettet oder eingeschrieben ist.

3. Normierungen

Die intuitiv wirkende Einordnung und klare Lesbarkeit der vorgeführten Gesten und Haltungen zeigt, wie sehr der eigene Blick geschult und gerichtet ist. Die notwendigerweise vorangegangene Lernphase all dieser kulturell geprägten Ausdrucksweisen sichert die Lesbarkeit und ‚richtige' Einordnung im Rahmen der vorgegebenen Norm. Diese wird anhand eines Experiments, welches in Henleys Buch „Körperstrategien" vorgestellt wird, deutlich: Kinder der ersten Klasse werden nach einem Jahr auf ihre Lernerfolge hin geprüft. Zu Beginn fiel es Kindern aus der ‚Unterschicht' schwerer als ‚Mittelschichtkindern', Gesten und Mimik

---

[13]   Anzaldúa, Gloria: „Borderlands/La Frontera. The New Mestiza", S. 87.

der Lehrer_innen zu deuten und auch selbst darzustellen. Nach einem Jahr hatten sie dieses Defizit aufgeholt. Da wirft Henley folgende Frage auf:

> *„Wenn für die Entwicklung gestischen Verständnisses ein Jahr Schulbesuch für die Unterschichtkinder von so viel größerer Bedeutung ist als für die Kinder der Mittelschicht, kann das nicht daran liegen, daß erstere hier mit etwas konfrontiert werden, dem sie zum ersten Mal begegnen, nämlich den kulturellen Gewohnheiten der Mittelschicht?"* [14]

Zum einen spricht Henley hier das Erlernen von Gesten an und die vorausgesetzte Norm, die bestimmten Gesten bestimmte Interpretationsspielräume zuweist. Zum anderen wird die institutionelle Prägung durch die Mittelschicht deutlich: das Schulsystem beruft sich offenbar auf Maßstäbe, die aus der Mittelschicht entnommen sind. Wer sich dieser nicht bemächtigen kann, wird nicht nur im schulischen Alltag herausfallen. Die erlernten Gesten und dazu gehörigen Wertmaßstäbe gelten ebenso als Ausschlusskriterien für eine Bewährung im zukünftigen Erwachsenenleben. Die Aufrechterhaltung eines gesetzten Status Quo (in diesem Fall der Mittelschicht), der in Fleisch und Blut übergeht, wird in der Weitergabe gesichert. [15]

Durch die wiederholte Weitergabe von Gewohnheiten, Eigenschaften oder Zuschreibungen werden diese aber nicht nur gesichert, sondern auch überhaupt erst produziert. Die Möglichkeit einer Norm entsteht erst durch die Anerkennung in verschiedenen Zusammenhängen, sie wird erst in ihrer Wiederholbarkeit konstituiert. Wie die Zuschreibungen der Mittelschicht in dem oben genannten Experiment wird auch Geschlecht durch Sozialisation geprägt und konstituiert. Die Setzungen im anerkannten Kontext bestimmen den sozialen Raum der Subjektbildung (in den meisten Fällen eine Geschlechterbinarität, die auf Heterosexualität abzielt). Mittels des Konzepts der „Anrufung" macht Louis Althusser deutlich, dass die Zuschreibung erst das Subjekt erzeugt, es in den (vor-)bestimmten Zusammenhang rückt. Die vorherrschende Ideologie, das Gesetz bringt das Subjekt hervor. Bezüglich dem ungeborenen Kind sagt Althusser, dass es „immer-schon, selbst vor seiner Geburt, ein Subjekt ist,

---

[14]   Henley, M. Nancy, S. 192.
[15]   Vgl. ebd., S. 190 ff.

[…], weil es in und durch die spezifische familiale ideologische Konfiguration, in der es nach der Zeugung erwartet wird, zum Subjekt bestimmt ist." Weiter führt er aus, dass „das ehemalige zukünftige Subjekt (l'ancien futur-sujet) ‚seinen' Platz ‚finden' muß, d.h. zu dem sexuellen Subjekt (Junge oder Mädchen) werden muß, das es bereits von vorne herein ist"[16]. Diesem Konzept der Anrufung folgend, bringt John L. Austin die These auf, dass Sprache und das Sprechen soziale Wirklichkeiten erschaffen. Diese Wirklichkeiten werden anknüpfend an vorherrschende Konventionen gebildet, führen also einen vorherrschenden Diskurs fort. Inwieweit dieses performative Handeln durch das Sprechen sich auf die Bildung des Geschlechts auswirkt und sich die Subjekte unterwirft, wird bei Judith Butler weiter ausgeführt.

> „Demzufolge verfehlt eine Lesart von ‚Performativität' als willentliche und willkürliche Wahl den Punkt, daß die Geschichtlichkeit des Diskurses und insbesondere die Geschichtlichkeit der Normen (die ‚Ketten' ständiger Wiederholung, die in der imperativischen Äußerung angeführt und unkenntlich gemacht werden) die Macht des Diskurses ausmachen, das zu inszenieren, was er benennt. Das Geschlecht (sex) als einen Imperativ in diesem Sinne zu denken, bedeutet, daß ein Subjekt von einer solchen Norm angesprochen und hervorgebracht wird und daß diese Norm – und die regulierende Macht, für die sie ein Zeichen (token) ist – die Körper als eine Wirkung jener Einschärfung materialisiert."[17]

Sie findet innerhalb der Wiederholung aber auch das subversive Moment, welches jedem Subjekt die Möglichkeit eröffnet, sich dem vorgegebenen Kanon zu widersetzen.[18] „An dieser Stelle sollten wir uns daran erinnern, daß ständige Wiederholungen niemals einfach Ausfertigungen desselben sind. Und der ‚Akt', mit dem ein Name soziale oder sexuelle Beziehungen autorisiert oder desautorisiert, ist notwendigerweise

---

[16] Althusser, Louis: „Ideologie und ideologische Staatsapparate (Anmerkungen für eine Untersuchung)", in: ders., „Ideologie und ideologische Staatsapparate. Aufsätze zur marxistischen Theorie", S. 144.
[17] Butler, Judith (1997): „Körper von Gewicht", S. 259.
[18] Vgl. Plößer, Melanie: „Möglichkeiten und Grenzen performativer Widerspenstigkeit", in: Brüske, Anne / Miko Iso, Isabel / Wespe, Aglaia / Zehnder, Kathrin / Zimmermann, Andrea (Hrsg.) „Szenen von Widerspenstigkeit", S. 31 ff.

eine Wiederholung."[19] Butler bezieht sich hier auf die Begrifflichkeit *queer*, die aus ihrem geschichtlichen Kontext heraus als negative, beschämende Bezeichnung für Homosexuelle gebraucht wurde und durch Aneignung der so bezeichneten Subjekte zu einem positiven Begriff umgeschrieben wurde. Sie zeigt einerseits die Möglichkeit der Veränderung in der Wiederholung auf, weist aber auf den Effekt des mitschwingenden geschichtlichen Kontextes hin. Das Umschreiben beinhaltet immer ein Weiterschreiben und somit das Zitieren von Vorangegangenem.[20] Hier findet sich eine Gemeinsamkeit, die in einigen der vorgestellten Mimikry-Konzepte aufgezeigt werden wird. Sowohl im (post-) kolonialen Kontext, als auch im feministischen Diskurs geht es immer wieder darum, die Gratwanderung zwischen Subversion (Veränderung der Ordnung) und Bestätigung des bestehenden Diskurses oder der herrschenden Lebenswelt auszuloten. Die Falle einer bloßen Vertiefung bestehender Normen durch Mimikry-Strategien besteht und ist zu umgehen, immer dann wenn sie als Spiegel gesellschaftlicher Prägungen wirkt. Dies kann beispielsweise in parodistischer Weise erfolgen (Hauka, JetSet), als auch dekonstruierend mittels dem Aufzeigen der gesellschaftlichen Konstruiertheit (Voguing, Hauka) an sich. Melanie Plößer liest Butler auf die Möglichkeiten von ‚Widerspenstigkeit' hin. Für sie tun sich diese in Momenten des aneignenden ‚Gegensprechens' auf. Der Sprechakt bietet die Möglichkeit der Antwort und so der Resignifizierung des Geäußerten. „In diesem Sinne zielt die performative Strategie der Resignifikation auch auf eine Vervielfältigung, Sichtbarmachung und Ausweitung von Bedeutungen und Identitäten."[21] So scheint der Begriff des Performativen, des Sprechakts, ein wichtiger Baustein zur Konstruktion von mimikry-haften Aneignungen und Umschreibungen zu sein. Er ermöglicht ein Bewegen innerhalb aufgefundener Strukturen, das sich durch seine eigene Bewegung als veränderndes Moment einsetzen lässt. Die Möglichkeit der Resignifikation durch Gegensprechen – wie auch durch anderes widerständiges Handeln – darf hierbei nicht als selbstverständlich Gegebenes gesehen werden.

---

[19] Butler (1997), S. 311.
[20] Vgl. ebd., S. 307.
[21] Plößer, S. 41.

Wie Plößer erläutert, muss bereits ein Umfeld für widerständiges Handeln gegeben sein, was nicht allen Menschen ohne Weiteres zugänglich ist.[22] Auch selbstreflexives Betrachten der eigenen Situation ist ein Privileg, welches sich erarbeitet werden muss.

Nur durch bewusstes Heraustreten aus dem eigenen Zusammenhang kann ein Distanzieren, ein Zurücktreten von gewohntem Sehen und Agieren erreicht werden, und damit ein Bewusstmachen der eigenen Performance gemäß des vor-bildenden Umfelds.

Beim Betrachten einer Sammlung von Bildern wie derer Wex' werden Ausdrucksweisen vor Augen geführt und durch die Zusammenstellung ähnlicher, fast gleicher Gesten in Gegenüberstellung kontrastierend zugespitzt. Der eigene Blick wird durch die Betrachtung der Gesten als Objekte einer Analyse dem Kontext teilweise enthoben und kann später – durch die Erkenntnisse der Betrachtung verändert – auf das eigene Handeln gerichtet und in den Augen eine_r ‚Anderen' betrachtet werden. Diesen Blick von außen zu ermöglichen, sich eine Perspektive anzueignen innerhalb derer auch das eigene Verhalten ins Bild gerät, ist Ziel meiner Auseinandersetzung mit der zur Schau getragenen, alltäglichen Körperlichkeit in der westlichen Gesellschaft.

---

[22]   Vgl. ebd., S. 43 ff.

III. Textuelle Bearbeitungen zum Thema Mimikry und Maskerade

Verschiedene denkerische Positionen werden im Folgenden aufgeblättert und in einem nächsten Schritt künstlerischen Positionen gegenübergestellt. Formen der Aneignung körperlicher und sprachlicher Ausdrucksweisen werden in der Analyse vorgestellt und unter dem Aspekt der Mimikry betrachtet.

Der Begriff der Mimikry, oftmals in Abgrenzung zum Begriff der Mimese verwendet, taucht in vielen Zusammenhängen auf, in denen kulturelles Aufeinandertreffen von Lebensweisen beschrieben wird. Die Konnotation zu einer biologistischen Lesart wird nicht gesucht, sondern im Gegenteil versucht ihr auszuweichen. Die Begrifflichkeit wurde aus dem kulturellen Kontext für die Biologie entlehnt und wird nun in einer Umkehrbewegung wieder zurückgewonnen.[23] Mimikry beschreibt, anders als die Mimese, keine Nachahmung eines Originals, sondern stellt eine Wiederholungsfigur dar, die nicht nachahmt, sondern selber ist. Sie lässt äußerlich Ähnlichkeitsvermutungen zu, ohne innerlich dem ausgestrahlten Inhalt zu folgen. Und insofern scheint die Analogie zur Mimikry in der Natur doch ein Erklärungsmodell inne zu haben. Die Orchidee ahmt in ihrer äußerlichen Erscheinung zwar die Wespe nach, ohne jedoch in ihrem inneren Wesen eine Wespe zu sein. Ihre ,Intention' scheint nicht das Wespe-Sein zu sein. Dennoch ruft diese Mimikry den Effekt des Wespe-Seins hervor, da er auf der äußeren Erscheinungsebene gegeben ist. So wird die Orchidee absichtslos teilweise Wespe, während sie aber nicht versucht, dies auf einer repräsentativen Ebene, also mimetisch, zu erreichen und zu sein. Die Abweichungen vom Wespe-Sein, die sie selber in ihrer Wiederholung herstellt, sind Teil ihrer Mimikry und konstituieren ebenso sehr ihr Orchidee-Sein.[24]

---

[23] Vgl. Becker, Andreas / Doll, Martin / Wiemer, Serjoscha / Zechner, Anke: „Mimikry. Gefährlicher Luxus zwischen Natur und Kultur", S. 9.
[24] Vgl. ebd., S. 16.

„Man könnte sagen, daß die Orchidee die Wespe nachahmt, deren Bild sie auf signifikante Weise reproduziert (Mimesis, Mimikry, Köder, etc.). [...] Gleichzeitig handelt es sich um etwas ganz anderes: keine Spur von Nachahmung mehr, sondern Einfangen von Code, Mehrwert an Code, [...] Wespe-Werden der Orchidee, Orchidee-Werden der Wespe; [...] Karten, nicht Kopien machen. Die Orchidee reproduziert nicht die Kopie der Wespe, sie ,macht Karte' mit der Wespe innerhalb eines Rhizoms. Wenn die Karte der Kopie entgegengesetzt ist, so deshalb, weil sie ganz und gar dem Experiment als Eingriff in die Wirklichkeit zugewandt ist." [25]

Ebenso lässt sich die Mimikry eher als ‚Karte' denn als Kopie begreifen, da sie als ein Eingriff in die vorherrschende Struktur zu sehen ist. In kulturellen Studien, beispielsweise den Postcolonial Studies, wird Mimikry als Maskeradetechnik ausgemacht, anhand derer Einschreibungen und Umformulierungen bestehender Ordnungen vorgenommen werden können. Die Aneignung bestimmter äußerlicher Merkmale führt zu einer Umkodierung derselben aufgrund ihrer erweiterten Nutzung durch neue Akteure. Die Zuschreibung zum Eigenen im Gegensatz zum Anderen funktioniert dann nicht mehr in gewohnter Weise und trägt zur Auflösung vorherrschender Abgrenzungen bei. [26]

1. Mimikry und Maskerade im Kontext Feministischer Theorie

Die Begrifflichkeit der Maskerade taucht in feministischen Theorien bei Joan Riviere schon 1929 in ihrem Text „Weiblichkeit als Maskerade" auf. Sie führt ihn in Zusammenhang mit psychoanalytischen Überlegungen in Bezug auf die Rolle der Frau ein. Ihre Überlegungen macht sie anhand der Darstellung einer Patientin, die bei ihr in der Analyse ist,

---

25   Deleuze, Gilles / Guattari, Félix: „Rhizom", S. 17-18.
26   Vgl. auch Bhabha, Homi: „Von Mimikry und Menschen", in: ders.: „Die Verortung der Kultur", S. 132 ff.

fest.[27] Die besondere Situation der Rollenverschiebung dieser berufstäti-
gen, gebildeten Frau zur damaligen Zeit brachte das Dilemma mit sich,
einerseits im männlich dominierten Berufsleben mitspielen zu wollen und
andererseits dem Weiblichkeitsbild einer guten Hausfrau und Mutter zu
entsprechen. Diese ambivalente Situation führt sie zu der folgenden Aus-
führung, die eine Möglichkeit der Flucht darstellt: „Weiblichkeit war daher etwas, das sie vortäuschen und wie eine Maske tragen konnte, sowohl
um den Besitz von Männlichkeit zu verbergen, als auch um der Vergeltung zu entgehen, die sie nach der Entdeckung erwartete [...]."[28]

Die erfolgreiche, berufstätige Frau fand sich in dem Zwiespalt wieder, Anerkennung für ihre hervorragenden Leistungen erlangen zu wollen
und diese gleichzeitig durch extrem weibliches, sexuell aufgeladenes
Verhalten zu verschleiern oder zu überspielen. Sie beschreibt dieses Verhalten als Schutzmechanismus, das sie zur Tarnung, wie mit einer Maske,
anwendet. Es taucht aber auch die Vorstellung auf, dass weiblich sein an
sich immer eine Art Maskierung bedeutet. „Der Leser mag sich nun fragen, wie ich Weiblichkeit definiere, und wo ich die Grenze zwischen ech-
ter Weiblichkeit und der ‚Maskerade' ziehe. Ich behaupte gar nicht, dass
es diesen Unterschied gibt; ob natürlich oder aufgesetzt, eigentlich handelt es sich um ein und dasselbe."[29] Das Bild der Maskerade als Inszenierung von Weiblichkeit wird in verschiedenen Theorien aufgenommen
und weiterentwickelt.

Zum einen führt Jacques Lacan die Maskerade an, wenn er sich mit
dem Thema von männlicher und weiblicher Sexualität beschäftigt. Er
münzt den Begriff Rivieres auf männliches und weibliches Verhalten in
Bezug zueinander um.[30] Er geht auch verschiedentlich dem Begriff der
Mimikry nach, betrachtet diesen aus dem Blickwinkel der Natur(wissenschaft), wie ihn Roger Caillois in seinen Texten zur Darstellung bringt.

---

[27]   Die Beschreibungen im Text lassen den Schluss zu, dass sie vermutlich über sich
       selbst spricht.
[28]   Riviere, Joan: „Weiblichkeit als Maskerade", in Ankele, Gudrun (Hrsg.): „absolute
       Feminismus", S. 163.
[29]   Ebd.
[30]   Vgl. Lacan, Jaques: „Die vier Grundbegriffe der Psychoanalyse. Das Seminar
       Buch XI", S. 202.

Die Differenz zu Nachahmung oder Anpassung ist bei Lacans Beschäftigung mit Mimikry zentral:

> *„Immer dann, wenn es um Nachahmung geht, müssen wir uns davor hüten, sofort an einen anderen zu denken, der nachgeahmt werden soll. Nachahmen heißt ganz gewiß: ein Bild reproduzieren. Aber im Grunde heißt es, daß das Subjekt sich in eine Funktion einrückt, bei deren Ausübung es erfaßt wird. "*[31]

Zum anderen macht Luce Irigaray das Bild der Maskerade stark für ihre Annäherung an die Wesensart der Frau. Weiblichkeit (im Sinne Freuds) ist für sie eine Maskierung, ein Eintreten in den Diskurs der Männer.[32] Sie schließt das Bild der Maskerade mit dem Zustand/Prozess der Mimikry kurz.

2. Maskerade bei Luce Irigaray

‚Ort' einer Weiblichkeit

Luce Irigaray verwendet den Begriff der Mimikry in Bezug auf die weibliche Performance innerhalb der ihr zugeschriebenen Rolle.

> *„Es geht darum, diese Rolle freiwillig zu übernehmen. Was schon heißt, eine Subordination umzukehren in Affirmation, und von dieser Tatsache aus zu beginnen, jene zu vereiteln. [...] Mimesis zu spielen*[33] *bedeutet also für eine Frau den Versuch, den Ort ihrer Ausbeutung durch den Diskurs wiederzufinden, ohne sich darauf reduzieren zu lassen. "*[34]

---

[31] Ebd., S. 106.
[32] Vgl. Irigaray, Luce: „Das Geschlecht, das nicht eins ist", 1979, S. 139.
[33] Wegen dieser aktiven Verlaufsform - „Mimesis spielen" - fasse ich den Ausdruck hier als Mimikry auf, nicht als Repräsentationsfigur.
[34] Irigaray, S. 78.

Sie beschreibt Mimikry einerseits als Phänomen der Maskerade, welches das vorgefundene System stützt, sieht in ihr aber zugleich subversives Potential, wenn durch die bewusste Aneignung der Rolle das *Andere* hinter ihr in Erscheinung tritt, eine Beziehung zum Intelligiblen hergestellt werden kann. Die Fähigkeit der „Mimetik" (mimétisme ist Prozess der Mimikry[35]) der Frau beruht auf der Tatsache, dass sie „nicht eins" und immer gleichzeitig an einem „anderswo"[36] ist. Die klare Binarität, die aus den Formulierungen (Ich – Anderer) hervorgeht, ist zum Zeitpunkt der Entstehung ihrer Schriften in den 1970ern eine logische und sinnvolle Zuspitzung, die sich auf das vorherrschende Geschlechterkonstrukt bezieht. Heute möchten wir möglichst eine weitere Verfestigung dieser auf Zweigeschlechtlichkeit festgelegten Begriffe vermeiden. Dennoch scheint eine Beschäftigung mit und auch ein Ernstnehmen der heteronormativ geprägten Strukturen notwendig, um von hier aus zu einem offeneren Gefüge von Geschlecht zu kommen. Die bewusste Aneignung der zugeschriebenen Rolle (als Frau) stellt bei Irigaray nun die Möglichkeit dar, in der Wiederholung derselben, diesen anderen Ort (der Weiblichkeit) hinter der Maskerade als Tarnung wiederzufinden.

Butler spricht über das Konstituieren der eigenen Sexualität und/oder des eigenen Gender durch ein anderswo, „wir sind von anderswoher motiviert, einem Anderswo, dessen ganze Bedeutung und Absicht wir nicht endgültig klären können."[37] Sie bezieht sich dabei auf die kulturellen Einschreibungen, die in sexuellen Handlungen mitgebracht werden. Es geht aber auch um die Unmöglichkeit einer völligen Kontrolle über das eigene Sein. Es scheint im Gegenteil gerade in der Sexualität nicht kontrollierbar und voraussehbar zu sein. „Die Inszenierung und Strukturierung von Zuneigung und Begehren ist zweifellos eine Form, wie sich Normen ihren Weg zu dem bahnen, was nach ureigenstem Empfinden voll und ganz zu mir gehört."[38] Dieses Anderswo, was Butler beschreibt,

---

[35] Vgl. Simson, Ingrid: „Umdeutungen antiker Widerspenstigkeit", in: „Szenen von Widerspenstigkeit", S. 76.
[36] Ebd.
[37] Butler, Judith: „Gemeinsam handeln", 2010, in: „absolute Feminismus", S. 207.
[38] Ebd.

kommt vielleicht dem Ort, der sich hinter der Maskerade bei Irigaray verbirgt, in der Weise nahe, dass er sich einer vollendeten Kontrolle – sowohl durch das Individuum als auch durch die Gesellschaft – entzieht. In der Wiederholung der Akte schreibt sich dem Eigenen oder dem Anderen Individuelles oder Kulturelles mit ins Begehren ein. Es geht also um die Entdeckung eines anderen Ortes hinter der Maskerade, nicht um das Wiederfinden eines ursprünglichen Originals von Weiblichkeit. Nicht das Gesicht wird maskiert und entsprechend demaskiert, sondern der Ort hinter der Maskerade teilt sich auf in eine Vielzahl möglicher Orte, die gleichzeitig und parallel zueinander bestehen. Sie sind dort, während sie es auch ebenso nicht sind. Dieser Ort ist diametral konträr zu dem „Ort der Reproduktion bzw. der Produktion von (männlicher) Subjektivität"[39], wie er in Irigarays Schriften auch auftaucht.

Die Konstruktion der Frau als dem Anderen, dem Mann entgegengestellten, konträren Spiegel-Objekt, zerteilt Irigaray in ein Nicht-Eins-Sein, was nicht mehr so leicht aufzufinden und zu greifen ist. Interessant auch die sprachliche Übersetzung dieses Zustands in „Das Geschlecht, das nicht eins ist", welches sich auch wörtlich übertragen auf die Geschlechtsteile der Frau bezieht. Irigarays Text dreht sich immer wieder darum, dass dieses Nicht-Eins-Sein eben auch ein nicht einzig und nicht allein sein mit sich bringt. Die Analogie zum Terminus des ‚Penis‘ (Riviere) oder des ‚Phallus‘ (Lacan) in der Psychoanalyse wird hier aufgemacht. Im Kontext des theoretischen Diskurses der Psychoanalyse taucht der Begriff des Phallus permanent als Erklärungsmodell für die Geschlechterverhältnisse auf. Auch bei Riviere scheint aus heutiger Perspektive eine überproportionale Aufmerksamkeit auf dem „Penisbesitz"[40] oder eben Nicht-Penisbesitz zu liegen. In Anbetracht dieser Häufung scheint das Bild der immer zweisamen Schamlippen, „die sich unaufhörlich aneinander schmiegen"[41], eine gut getroffene Kontrastfolie zu sein. Die Vervielfachung des Geschlechts lässt sich aus heutiger Perspektive

---

[39]   Busch, Alexandra: „Der metaphorische Schleier des ewig Weiblichen – Zu Luces Irigaray's Ethik der sexuellen Differenz", in: Großmann, Ruth / Schmerl, Christiane (Hrsg.): „Feministischer Kompaß, patriarchales Gepäck", S. 125.
[40]   Riviere, S. 169.
[41]   Irigaray (1979), S. 23.

auch durchaus weiterdenken und als eine Vervielfältigung von Prägungen (auch) innerhalb einer Person sehen. Ähnlich bezieht sich Irigaray in ihrer Terminologie des „Geschlecht[s], das nicht eins ist" auch auf die Zweiteilung der Frauen durch den patriarchalen Diskurs in ‚Heilige' und ‚Hure'. Sie sieht in dieser Zweiteilung eine Aufspaltung, die innerhalb jeder Frau selbst liegt. Oder wie Alexandra Busch es ausdrückt:

> *„Wo der männliche Diskurs also versucht, die beiden Seiten voneinander abzutrennen und das Dilemma des Ortes dadurch zu lösen, daß die eine Seite verehrt, die andere Seite verachtet wird, zeigt die Verwendung des Wortes Ort in Irigaray's Terminologie an, daß jede Frau zu jeder Zeit beides ist."* [42]

Sie nimmt Bezug auf einen Ort hinter der Maskerade, der nicht *ein* Ort ist und nicht festgehalten oder bestimmt werden kann durch den männlichen Diskurs. Ein Ort, der bei Irigaray immer wieder auch der Ort der weiblichen Genitalien ist. [43]

Auch hält der Begriff des Nicht-Eins-Seins schon das Nicht-Einzig-Sein in sich, was sich wiederum in die Figur der Wiederholung einbetten lässt. Die vorgeschriebene oder althergebrachte Performance der Frau als Gegenüber zum Mann, lässt sich in der Aneignung und wiederholten Aufführung aus ihrem festgefügten Platz lösen. Die Wiederholung oder Nachahmung oder Mimese ist hier nicht als Reproduktion desselben zu betrachten, sondern birgt – hinter der Maskerade der Wiederholung – neue Möglichkeitsräume. Oder anders gesagt, bezieht sich Irigaray nicht auf die platonische Ordnung von Original und Abbild, sondern auf ein Konzept von Mimesis, welches „die Mimesis als Produktion, die sich eher im Bereich der Musik befindet" [44], sieht. Hier lassen sich Parallelen zum Wiederholungsbegriff bei Gilles Deleuze und Félix Guattari sehen. Auch diese haben die Figur der Wiederholung durchaus nicht als Reproduktion des Immer-gleichen gedacht, sondern gehen von einer permanenten Verschiebung und Neu-Schreibung innerhalb der Wiederholung aus. Die Analogie zur Musik bietet hier ein anschauliches Beispiel, bei welchem der Interpretation des Stücks durch den Musiker oder die Musikerin

---

[42]   Busch, S. 127.
[43]   Vgl. ebd., S. 126.
[44]   Irigaray (1979), S. 137.

ein eigener Raum zugestanden wird. Auch das Element des Übens oder der Probe kommt hier zum Tragen. Mit jeder neuen Aufführung findet eine Verschiebung, eine Ungleichheit statt.[45]

Schreiben als Weiblichkeitskonstitution

Einerseits bleibt Irigaray, wie bereits oben erwähnt, in ihrer theoretischen Ausarbeitung zu Geschlecht im binären Konstrukt von Männern und Frauen, besonders auch in den Begrifflichkeiten von Re-Produktion und Er-Zeugung etc. hängen. Andererseits scheint sie mir im folgenden Zitat den Raum für eine Geschlechtlichkeit öffnen zu wollen, die sich außerhalb der binären Logik lokalisiert: „Mit anderen Worten, es gilt nicht, eine neue Theorie auszuarbeiten, deren Subjekt oder Objekt die Frau wäre, sondern, der theoretischen Maschinerie selbst Einhalt zu gebieten, ihren Anspruch auf Produktion einer viel zu eindeutigen Wahrheit und eines viel zu eindeutigen Sinns zu suspendieren."[46]

Ihr Schreiben bezweckt nicht eine Umkehrung der Geschlechter- und somit der Machtverhältnisse, sondern sucht eine andere Form des Ausdrucks weiblicher Identität, die außerhalb dieser Spiegel- oder Projektionslogik steht. Sie spürt mit dem Schreiben selbst diesem anderen Diskurs nach, möchte eine Ebene auf- oder entdecken, die sich dem vorgegebenen Diskurs entzieht.

> *„Daß sie die Frage also nicht in der Form: ‚Was ist die Frau?' stellen. Sondern daß sie – die Weise interpretierend-wiederholend, in welcher im Inneren des Diskurses das Weibliche sich determiniert findet: als Mangel, als Fehlen, oder als Mime und verkehrte Wiedergabe des Subjekts – kundtun, daß dieser Logik gegenüber von Seiten des Weiblichen ein ver-rückender Exzess möglich ist."*[47]

Im Schreiben kann sie dem Diskurs aber nicht einfach entgehen, indem sie diesen ignoriert, denn ohne Bezug zu diesem würde ihre Arbeit

---

[45]   Vgl. Robinson, Hillary: „Reading Art, Reading Irigaray. The politics of art by women", S. 26.
[46]   Irigaray (1979), S. 80.
[47]   Ebd., S. 80.

nicht anerkannt, schwebte im luftleeren Raum. Sie findet einen Weg in dem Begriff des Speculum, des Hohlspiegels. Speculum bezieht sich neben seiner wörtlichen lateinischen Bedeutung des Spiegels, der Projektionsfläche, auf die literarische Gattung der ‚Spiegelliteratur'. Der Begriff bezieht sich auf die reflektierende Funktion des Spiegels, der den Menschen den Unterschied zwischen Ist- und Sollzustand nahe bringen soll. „Beschreibungen zeitgenössischer Verhältnisse oder Verhaltensweisen, die vom Autor abgelehnt werden, stehen Darstellungen früherer Verhältnisse, die wiederhergestellt werden sollen, oder Vorstellungen idealer Verhältnisse gegenüber."[48] Spiegelliteratur wurde häufig als Erziehungsliteratur angewandt und hat in ihrer modernen Form zum Ziel, durch ironisches oder parodistisches Übertreiben eine bestimmte Zielgruppe zum Nachdenken zu bringen. Der Begriff des ‚Spiegel Vorhaltens' findet sich hier direkt wieder. Populäre Beispiele der literarischen Form sind „Till Eulenspiegel" in unterschiedlichen Fassungen (Erich Kästner, Bertolt Brecht, Christa und Gerhard Wolf u.a.) und die „Bürger von Schilda". Auch 1001 Nacht oder ähnliche Märchen werden mit dem Hintergedanken erzählt, dem Herrscher einen Spiegel vor Augen zu halten, um ihn zu läutern.[49] Ähnlich diesen Stilmitteln bedient sich Irigaray in ihrem Buch „Speculum"[50] parodistischer, überspitzter Sprache, mit der sie den männlichen Diskurs nachzeichnet und durch sich selbst ad absurdum führt. Polemisch arbeitet sie sich an den Begriffen der Psychoanalyse, an Freud, Lacan und Lévi-Strauß ab. Beispielsweise erläutert sie Theorien Freuds[51] folgendermaßen: „Gerettet werden soll daher, daß der Mann *der* Erzeuger ist, daß die *sexuelle Produktion und Reproduktion* allein auf seine ‚Aktivität', allein auf seinen ‚Entwurf' zurückzuführen ist, wobei die Frau nur das Receptaculum ist, das passiv sein *Produkt* aufnimmt […] "[52]. In „Das

---

[48] Borries, Ekkehard: „Schwesternspiegel im 15. Jahrhundert: Gattungskonstitution – Editionen – Untersuchungen", S. 390.

[49] Vgl. Riemer, Nathanael: „Zwischen Tradition und Häresie", S.204-205 und Vogl, Heidemarie: „Der ‚Spiegel der Seele'", S.292 ff.

[50] Irigaray, Luce: „Speculum. Spiegel des anderen Geschlechts", 1980.

[51] Sie bezieht sich auf: Freud, Sigmund: „Das Sexualleben", in: „Studienausgabe", Bd. 5, siehe Irigaray (1980), S. 19.

[52] Irigaray (1980), S. 19.

Geschlecht, das nicht eins ist" geht sie näher auf ihre in „Speculum" prak-tizierte Methodik ein und erläutert diese anhand der Beantwortung eines an sie gestellten Fragenkatalogs:

> *„Es war also notwendig, [...] eine Spekularisierungsweise einzusetzen, die der Frau den Bezug auf ‚sich selbst‘ und auf ihresgleichen ermöglicht. Dies heißt: <u>Krümmung des Spiegels</u>, aber auch dessen <u>Verdopplung</u> und unmögliche Wiederaneignung ‚innerhalb‘ des Geistes, des Denkens, der Subjektivität. Daher der <u>Eingriff des Speculums und des Hohlspiegels</u>, die die Montage und die Repräsentation nach allzu ausschließlich ‚männli-chen‘ Parametern verzerren."*[53]

Durch diesen stilistischen Eingriff in die Sprache möchte Irigaray die Frau aus ihrer Rolle im patriarchalen System befreien. Im Begriff des Hohlspiegels findet sich die Frau in der weiblichen Rolle als Gegenüber und als das *Andere* des Mannes wieder, verzerrt aber dessen Spiegelbild und entrückt sich selbst so dem angestammten Ort. Hillary Robinson fasst das in Bezug auf die systemerhaltende Produktivität von Mimesis folgen-dermaßen zusammen: „Her function in patriarchy is that of the mirror, as a result of her `otherness´ reflecting back to man his `sameness´. [...], it requires her to replicate a `femininity´ that is not of her making. This is a `femininity´ erected by `the same´ to be its `other´ - an `other´ that is needed in order to recognise the `sameness´."[54]

Irigaray erprobt in „Speculum" eine entgegen den Konventionen wenig lineare und zielgerichtete Sprache, die einem weiblichen Sein nä-her käme, da sie an sich schon immer dialogisch in sich selbst aufgebaut sei (Analogie Schamlippen).[55] Mit ihrer Schreibweise verweigert sie die vorgeschriebene Form des wissenschaftlichen Diskurses nicht nur um sich den vorgeblich objektiven Parametern zu entziehen und diese in ihrer Bezogenheit auf den herrschenden männlichen Blickwinkel zu entlarven, sondern auch, um eine Schreibweise zu etablieren, innerhalb derer sich bereits ihr Inhalt vermittelt.[56] Hier findet sich erneut das Stilmittel der

---

[53]   Irigaray (1979), S. 161.
[54]   Robinson, S. 28.
[55]   Vgl. Eifler, Margret: „Postmoderne Feminisierung", in: Knapp, Mona / Labroisse, Gerd: „Frauen-Fragen in der deutschsprachigen Literatur seit 1945", S. 14-16.
[56]   Vgl. Busch, S. 117 ff.

Spiegelliteratur als inhaltliche Form wieder. Irigaray stellt mit der Methode der Diskursdurchquerung diesen infrage, mittels der Taktik der Wiederholung und der erneuten Befragung.[57] Sie unterzieht den Diskurs einer psychoanalytischen Leseweise, die nicht nur das, was geschrieben steht, sondern auch „das Unbewusste des Gesagten"[58] mitliest. In dieser Weise verweigert sie die Position der reinen Projektionsfläche und fügt dem Spiegel eine Doppelung hinzu, die den Diskurs aufbrechen und verändern soll.

Irigaray bedient sich weniger der Strategie der Mimikry als Figur, die nachahmt, als vielmehr dem Bild der Maskerade, welches zunächst vorgibt, etwas zu sein, sich dann aber auflöst. Und zwar nicht in etwas anderes, Wahreres, Ursprüngliches, sondern in ein Ungreifbares, Verteiltes. „Es ist daher unnütz, die Frauen in der exakten Definition dessen, was sie sagen wollen, einzufangen, es (sich) wiederholen zu lassen, damit es klar wird: sie sind immer schon woanders in dieser diskursiven Maschinerie, in der Ihr sie zu ertappen vorgebt."[59] Hier klingt das Veränderliche, das der Wiederholung immanent ist, an. Das Mimikryhafte kommt in dem Prozess des nicht anwesend Seins zutage, da der äußere Schein und das innere Sein auseinanderdriften. Die Chance einer Neuschreibung von Weiblichkeit sieht Irigaray nicht in einer Ein- oder Umschreibung des bereits vorhandenen Diskurses, sondern in einer Sicht- und Denkweise, die elementar verschieden ist von dieser, die aber an dem Ort hinter der Maskerade, der im Diskurs nicht eingeschlossen sein kann, aufgefunden werden kann.

---

[57] Siehe z.B. in Irigaray (1980): „Das kleine Mädchen ist (nichts als) ein kleiner Junge". Auf den ersten beiden Seiten des Kapitels wird die Methodik deutlich: Sie beschreibt zunächst in Zitaten einen Aufsatz Freuds auf ca. einer Seite, um diesen dann einer erneuten Lektüre zu unterziehen, der sie ihre Anmerkungen und Fragen beifügt. War ihre Zusammenfassung schon im ersten Teil zugespitzt, unterstreicht ihre zweite Lektüre diese Zuspitzung nochmals doppelt. „Wir müssen nun zugeben: DAS KLEINE MÄDCHEN IST ALSO EIN KLEINER MANN, ein kleiner Mann, der eine schwierigere und kompliziertere Entwicklung als der Knabe durchlaufen wird, um eine normale Frau zu werden...Ein kleiner Mann mit einem zu kleinen Penis. Ein benachteiligter kleiner Mann.", S. 29-30.

[58] Pritsch, Sylvia: „Rhetorik des Subjekts.", S. 220.

[59] Irigaray (1979), S. 28.

Kopieren ohne Originalvorlage, entgegen der Gender-Naturalisierung

Bezieht sich Irigaray in ihren Texten explizit auf Sprache und Schrift und deren Wirkmächtigkeit in der Formierung von Diskursen, lässt sich der Moment der Maskierung auch auf körperlicher und visueller sowie narrativer Ebene weiterdenken. In einem Aufsatz zu *Fem(me)ininität* stellt Sabine Fuchs kritische Aneignungsstrategien von Femmes vor, die sich heteronormativer Elemente von Weiblichkeit bedienen und in Aussehen und Auftreten einer expliziten Femininität Ausdruck verleihen. In ihrer Analyse von Irigarays Mimese-Ansätzen stellt sie heraus, dass Mimesis[60] nur in einer Doppelung ihrer selbst kritisch produktiv sein kann. Laut Naomi Schor gibt es bei Irigaray drei Stufen der Mimesis, die von einfacher Nachahmung (starr) zu einer Parodie derer, bis hin zu einer Differenz zum Diskurs und dadurch zur Aneignung des Diskurses führt.[61] In dieser Doppelung geht es um ein „unvertraut"[62]-Machen der naturalisierten Rolle der Frau und darum, die Rolle ihrem Kontext zu entfremden. Im Terrain der Fantasie sieht Mary Doane einen Ort für Veränderung und Intervention.[63] Fuchs geht weiter auf die Widerständigkeit innerhalb der Wiederholung und/oder Aneignung bestimmter heterosexuell konnotierter Darstellungsweisen weiblicher Präsentation ein. Sie stellt heraus, dass die Figur der Femme als klarsichtiges Beispiel für die Konstruiertheit von Rollen fungieren kann und das in der Realität, außerhalb rein theoretischer Diskurse. Die Aneignung und Übernahme ‚femininer Eigenschaften' in einer

---

[60] Fuchs verwendet die Begriffe Mimikry und Mimese in der Bedeutung wie Horkheimer / Adorno, bei welchen die Mimikry als totes, starres Nachahmen definiert wird. Dies steht im Gegensatz zu dem von mir verwendeten Bedeutungsrahmen, der auf Bhabha zurück geht. Siehe auch Fuchs (2011), S. 52.

[61] Vgl. Fuchs, Sabine: „Widerspenstige Inszenierungen queerer Fem(me)ini-nität", in: Brüske, Anne / Miko Iso, Isabel / Wespe, Aglaia / Zehnder, Kathrin / Zimmermann, Andrea (Hrsg.) „Szenen von Widerspenstigkeit", 2011, S. 58.

[62] Nach Doane, Mary Ann: „The Desire to Desire. The Women's Film of the 1940s", zitiert nach: Fuchs (2011), S. 60.

[63] Ebd.

gleichgeschlechtlichen Beziehung stellt die Natürlichkeit heterosexueller Verhaltensmuster infrage.[64] Einerseits bietet die Femme in ihrem äußeren Erscheinungsbild zunächst keine direkte kritische Oberfläche an, anhand derer ein normatives Alltagsbild reflektiert wird. Im Gegensatz zur Butch kann sie als normativ, als ‚Hetera' *passen* (durchgehen). Andererseits stellt sie die Vorstellung von lesbischem Begehren als in einer männlich konnotierten Weise, wie sie die Butch repräsentiert, infrage und erweitert das Spektrum von Aussehens-, Verhaltens-, Sexualitäts-, und Begehrensstrukturen. Die sexuelle Orientierung, das Geschlecht, die Performance müssen nicht in einem durch das binäre Geschlechtersystem vorgeschriebenen Raster funktionieren.[65] Die nicht-heterosexuell orientierte, aber hetero-sexuell markierte Frau, die Femme, läuft der Naturalisierung von Geschlecht und Orientierung entgegen und hat so in ihrer Mimese von Femininität eine kritisch-subversive Praktik inne.[66] Wie Fuchs es formuliert: „Kritische Mimesis ist der Versuch, etwas hervorzubringen, das über das Ausgangssystem hinausgeht und nicht mehr von ihm kontrollierbar ist, eine Anomalie, eine Abweichung von der Norm oder eine Disidentfikation mit der Norm."[67]

Die Mimese, die im Fall von *Fem(me)ininität* von statten geht, läuft der Vorstellung eines Originals, welches für andere Zwecke kopiert wird, entgegen. Da die äußeren Eigenschaften heterosexueller Markierung im Kontext verschoben etwas anderes bedeuten, scheinen die geschlechtlichen Merkmale losgelöst von sexueller Orientierung zu sein. Es ist kein Nachahmen durch ‚ein Anderes', welches aneignet, es ist ein Nachahmen eines Selben (geschlechtlich), welches dennoch nicht ein Selbes (Begehren) ist. Ebenso ahmt ein Selbes ein Selbes (geschlechtlich) nach, welches Dasselbe (Begehren) ist, ohne dass auch dieses Selbe jemals dasselbe

---

[64] Vgl. Fuchs (2011), S. 61-64.
[65] Vgl. ebd., S. 62.
[66] Vgl. Fuchs, Sabine: „Femininität - Sichtbarkeit – Erkennbarkeit. Lesbische Körperstilisierungen und die Rhetorik der Visualität", in: „Frauen. Kunst. Wissenschaft", 2002.
[67] Fuchs (2011), S. 65.

wäre. Die Konstruiertheit von Selbem und Anderem scheint in dieser Performance der Fem(me)ininität auf andere Weise durch, als bei der Aneignung der ‚entgegengesetzt' markierten Rolle.

3. ‚Passing' bei der Hausangestellten Hannah Cullwick

In anderen Beispielen von „Durchquerungen"[68] von Grenzen, wie der viktorianischen Hausangestellten Hannah Cullwick, die von Renate Lorenz[69] in mehreren Büchern vorgestellt wird, wird die Konstruiertheit der konventionellen Rollen immer wieder aufgezeigt. Im Falle Hannah Cullwicks begegnet einem mehrfach die Infragestellung vorgegebener gesellschaftlicher Zuschreibungen.

Ihr Leben als Bedienstete in einem viktorianischen Haushalt in London im ausgehenden 19. Jahrhundert ist durch ihre Tagebucheinträge und durch von ihr gemeinsam mit Arthur Munby inszenierte Fotografien[70] dokumentiert. Sie gibt in ihren Aufzeichnungen sowohl Einblick in den harten Arbeitsalltag einer Hausangestellten mit enormen körperlichen Anforderungen als auch in ihr privates Leben außerhalb des Hauses. Als Hausangestellte ist sie an das Haus und die Hausherrin gebunden. Sie ist abhängig von dieser, da ihre Existenz bedroht ist, falls sie ihre Arbeit verliert.[71] Dennoch ist sie freier als auf den ersten Blick zu erwarten.

Sie bewegt sich abends auf den Straßen von London, trotz der Warnungen ihrer Herrin, dies sei für eine Frau zu gefährlich. Sie hat keine

---

[68] Lorenz / Kuster sprechen von Durchquerung, wenn Cullwick die ihr ‚angestammten' Grenzen überschreitet („class", „gender", „race").

[69] Renate Lorenz hat ihre Veröffentlichungen häufig in Zusammenarbeit mit Pauline Boudry und Brigitta Kuster herausgegeben.

[70] Cullwick, Hannah: „Photographs, 1855–1902", in: Boudry, Pauline / Lorenz, Renate: „normal work".

[71] Vgl. Lorenz, Renate; Kuster, Brigitta: „sexuell arbeiten", S. 27 ff.

Angst, durch die harte körperliche Arbeit ist sie stark und muskulös, worauf sie stolz ist. Dadurch tritt sie in die Welt der Straße, gleichbedeutend mit in die Welt der Männer, ein. In ihren eigenen Worten in ihrem Tagebuch beschreibt sie die folgende Szene:

> *„Und sie [die Missis] sagte, dass es wirklich falsch war, so lange auszugehen, wie ich es letzte Nacht tat. Es war gefährlich, weil es so viele schlechte Typen (bad characters) draußen gibt – Kommunisten und Leute aus Frankreich & so weiter. Aber ich lachte darüber & sagte, ‚ich habe noch nie einen davon gesehen, Ma'am – all die Jahre, die ich in London herumlaufe, hat mich nie jemand falsch angesprochen & ich glaube nicht, dass das jemals geschieht, wenn man sich ordentlich anzieht und zeigt, dass man sich um seine eigenen Angelegenheiten kümmert.' Sie sagte, ‚Ah, du bist vielleicht sicher, aber ich glaube es ist, weil du so groß und kräftig bist – sie denken, dass du ihnen gewachsen bist.“*[72]

Neben dieser (Bewegungs-)Freiheit besucht Cullwick zudem in ihrer freien Zeit einen bürgerlichen Mann, mit dem sie eine sexuelle Beziehung führt. Hier überschreitet sie die Grenzen der Klasse. Die Beziehung spielt sich über fotografische Inszenierungen ab, die Cullwick als Protagonistin zeigen: als bürgerliche Frau, als schwarzer, männlicher Sklave und als Arbeiterin. Immer angetan mit einem Band, welches sie selbst in Tagebucheinträgen als „slave-band“[73] bezeichnet. In diesen fotografischen Inszenierungen gelingt ihr das *Passing* in verschiedene Rollen, sie ist in der Lage, alle drei zu verkörpern.[74]

Aber auch in ihrem Alltagsleben gelingen ihr diese Übertretungen: Sie reist mit ihrem Liebhaber Arthur Munby als bürgerliche Ehefrau angezogen im Zug zu einem Wochenendurlaub im Hotel. Beim Abendessen im Restaurant, bei allen öffentlichen Begegnungen, muss sie in dieser Rolle verharren. Sie darf nicht auffallen, sonst droht ihr – und ihrem Geliebten – gesellschaftliche Vergeltung. All diese Anforderungen gelingen ihr, sind aber mit einem enormen Energieaufwand verbunden. Wie man

---

[72]   Cullwick, Hannah, in: Lorenz, Renate; Kuster, Brigitta: „sexuell arbeiten“, S. 40.
[73]   Cullwick, Hannah, in: Lorenz, Renate (Hrsg.): „normal love. precarious sex. precarious work“, S. 9.
[74]   Vgl. ebd., S. 30.

ihren Tagebüchern entnehmen kann, empfindet sie die Rolle der bürgerlichen Frau in der Öffentlichkeit als enorm anstrengend und würde lieber das gesamte Haus Munbys putzen, als diesen Anforderungen genügen zu müssen.[75] Die Szenen, in denen sie ihrer eigenen Arbeit als Hausangestellten für ihn nachgeht und bis zum Extrem treibt, werden zwischen den beiden zu ihrem privaten Liebesleben. Sie schlüpft in die Rolle seiner Sklavin, die auch ihre körperlichen Eigenschaften wie Stärke und Ausdauer, auf die sie sehr stolz ist, zur Geltung bringt.[76]

> *„Nachdem wir uns eine Weile geküsst hatten, fragte mich Massa, ob ich gerne mein Gesicht schwärzen würde, und ich sagte ja, so holte ich das schwarze Graphit und Öl, kniete zwischen seinen Knien und er rieb mein Gesicht vollkommen ein, bis ich eine Negerin war."*[77]

Die Rolle der bürgerlichen Frau mutet ihr in ihren eigenen Augen mehr zu und bringt nicht dasselbe Glücksgefühl dieser anderen Praktik mit sich.

Cullwick erlangt durch den Mehraufwand an Energie ein sehr eigenständiges Privatleben, was angesichts ihrer Zugehörigkeit zur Arbeiterinnenschicht zur damaligen Zeit höchst ungewöhnlich ist. Die Notwendigkeit für sie, sich enormen Risiken und Strapazen auszusetzen, um überhaupt ein eigenständiges (Sexual)leben für sich realisieren zu können, nehmen Lorenz und Kuster in ihrem Buch „sexuell arbeiten" zum Ausgangspunkt, prekäre Lebens- und Arbeitsverhältnisse in den Blick zu nehmen. Sie schließen Arbeitsverhältnisse mit Merkmalen wie Geschlecht, Klasse und ‚race' kurz und analysieren die strukturellen Merkmale von Arbeit anhand dieser identitätsstiftenden Eigenschaften. Sie zeigen an verschiedenen Beispielen auf, dass die identitätskonstitutiven Erlebnisse und „Anrufungen"[78] nicht vom Arbeitsverhältnis zu trennen sind.

> *„Die Bezeichnung [sexuelle Arbeit, Anm. A. T.] wendet sich also gegen die Verbannung einer Diskussion über Sexualität und Geschlecht aus der*

---

75   Vgl. ebd., S. 31.
76   Vgl. ebd., S. 24.
77   Cullwick, Hannah, in: Atkinson, Diane: „Love and Dirt: The marriage of Arthur Munby and Hannah Cullwick", S. 183.
78   Die Autorinnen beziehen sich auf Althusser und arbeiten seine Theorie der „Anrufung" um. Vgl. Lorenz / Kuster: „sexuell arbeiten", S. 34-46.

Diskussion über Ökonomie, Bruttosozialprodukt und Lohnarbeit. So ist zugleich die Benennung als 'sexuell' ein strategisches Mittel, um die Bedeutung dieser Kategorie für die Diskussion um Arbeit herauszustellen.[79]

Bei diesem Prozess handelt es sich um eine Einschreibung in den Körper oder in die Lebenswelt einer Person durch die Arbeit. Hier werden also Kräfte für die Arbeit mobilisiert, die dem Bereich des Persönlichen zugeordnet werden: Kommunikation, Verständnis, Sozialverhalten, Aussehen etc.

„Der Aufwand, die sexuelle Arbeit, kann formeller Teil der Arbeitsbedingungen sein und etwa im Vertrag festgelegt werden (wie jemand bei der Arbeit aussehen oder sich verhalten soll); er kann auch Teil informeller, unbewusster Praxen und dabei nicht weniger wirkmächtig sein. "[80]

Eine liberale Arbeitswelt, wie wir sie heute haben, nimmt eine Vermischung von privat und beruflich vor, die auf Kosten des Privaten geht. Vordergründig werden die Arbeitsverhältnisse entspannter, da die Hierarchien flacher zu sein scheinen (alle duzen sich, der Chef ist mein Freund etc.) und das Arbeitsklima ansprechender ist. Durch diese Angleichung nimmt die Arbeit aber dieselben Dinge in Anspruch, wie Freunde oder Familie es tun: „Sei immer bereit, mir zu helfen. Sei immer erreichbar. Etc."

„Dieser Aufwand, den der Prozess der Subjektivierung erfordert, ist Teil eines Machtdispositivs, das zugleich Versprechen auf emanzipative und befreiende Momente mit sich bringt wie auch eine besonders effektive Verwicklung in die häufig als 'neoliberal' bezeichneten Arbeits- und Lebensbedingungen darstellt. "[81]

Die Ausführungen von Lorenz / Kuster, die sich mit der Konstruktion von Identitäten in Bezug auf Arbeit beschäftigen, lassen sich in den Diskurs von Einschreibung und Umschreibung in entgegengesetzter Weise zu den oben beschriebenen Mimikry-Techniken einordnen. Ohne näher auf ihre spezifischen Analysen einzugehen, die viel weitreichendere Erkenntnisse nach sich ziehen, als ich hier angedeutet habe, lässt sich

---

[79] Lorenz / Kuster: „sexuell arbeiten", S. 20.
[80] Ebd., S. 19.
[81] Ebd., S. 20.

anhand des Beschriebenen aufzeigen, wie ein Einschreiben in oder Umschreiben des vorherrschenden Diskurses auch in Richtungen führen kann, die sich als alles andere als subversiv darstellen. Vielmehr unterstützen sie eine vorherrschende Tendenz oder Struktur, die sich nur an der Oberfläche – also vielleicht in einer Art Mimikry – anders darstellt. Derlei Prozesse, in die wir selber involviert sind, die wir mit vorantreiben (Selbstoptimierung in Coachings, Selbstmanagement, Ich-AG), zu durchschauen und neu zu bewerten, werden dann eben auch durch Mimikry erschwert. Denn wir haben uns die Praktiken so sehr zu eigen gemacht, sie in uns eingeschrieben, dass sie ein Teil von uns selbst sind. Und so beruht der ganze Selbstvermarktungswahn usw. auf unseren eigenen Entscheidungen, wir sind (fühlen uns!) frei, dies zu tun oder es auch zu lassen.

Um noch einmal auf Cullwick zurückzukommen, scheint sie sich in ihren verschiedenen Übertretungen Freiräume zu erkämpfen, die ihr ein eigenständiges Leben erlauben. Dennoch ist dieser hohe Aufwand nur notwendig, weil die Konvention ihr dies abverlangt. Heute sind wir an dem Punkt, dass in der westlichen Welt alles möglich zu sein scheint und gerade deshalb eine ähnliche Durchdringung von allen Lebensbereichen wieder von statten geht. Blieb die Adressierung, die Cullwick in ihren verschiedenen Rollen annahm, für Außenstehende versteckt und begründete so ihre eigene Privatheit, wird in der heutigen Form der Offenlegung wiederum alles vereinnahmt, wie zu Cullwicks Zeiten durch die Hausherrin. Oder mit Butler:

> *„Für den Fall, daß ich mich als Lesbe offenbare, was bzw. wer ist es denn, die dann ‚out‘ ist, sich manifestiert und vollständig enthüllt hat? [...] Kann Sexualität überhaupt Sexualität bleiben, nachdem sie sich einmal den Kriterien der Transparenz und der Enthüllung unterworfen hat? Ist Sexualität gleich welcher Art ohne die ihr vom Unbewußten diktierte Undurchsichtigkeit denn überhaupt möglich – das heißt, kennt das bewußte ‚Ich‘, das seine Sexualität offenbaren möchte, nicht vielleicht die Bedeutung dessen, was es sagt, selbst am allerwenigsten?“* [82]

---

[82] Butler, Judith: „Imitation und die Aufsässigkeit der Geschlechtsidentität", in: Kraß, Andreas (Hrsg.): „Queer Denken", S. 147.

4. Mimikry und Hybridität im Kontext Postkolonialer Theorie

Im Folgenden möchte ich auf Mimikry und Maskerade in der Post-kolonialen Theorie eingehen. Insbesondere werde ich mich dem Konzept von Mimikry bei Homi Bhabha widmen, mich mit seiner Auffassung von dem Begriff der „Hybridität" beschäftigen und diesen in der Lesart Gayatri Spivaks weiterverfolgen.

Der Begriff der Postkolonialen Kritik entsteht in der Folge von Edward Saids Veröffentlichung „Orientalism" 1972. Die Denkrichtung formiert sich zunächst in den Literaturwissenschaften und weitet sich dann auf die Cultural Studies aus.[83] Während sich die „Colonial Discourse Analysis" zunächst noch auf den Zeitraum unmittelbar nach dem Zweiten Weltkrieg beschränkt, werden die Theorien mit Einführung der Postcolonial Theory in der Folge zeitlich viel breiter gedacht. Der Begriff des Postkolonialen transformiert die zeitliche Einordnung eines Zeit-punktes in eine Zeitspanne. Es wird nicht mehr zwischen der Kolonialzeit und der Zeit danach unterschieden, sondern beides wird als ein Gewebe betrachtet, was durch den Prozess der Kolonialherrschaft und ihrer Aus-wirkungen entstanden ist und weiterhin entsteht. Bill Ashcroft beschreibt den Begriff des Postkolonialen als „all the culture affected by the imperial process from the moment of colonization to the present day"[84].

Der Begriff der Hybridität ist zentral in der postkolonialen Theorie und versucht dem dichotomen Diskurs von ‚weiß/schwarz', ‚Selbst/An-dereR', ‚kultiviert/wild' etwas Vielschichtigeres entgegenzusetzen. Er

---

[83] Vgl. Grimm, Sabine: „Einfach hybrid! - Kulturkritische Ansätze der Postcolonial Studies", S. 1.

[84] Ashcroft, Bill / Griffiths, Gareth / Tiffin, Helen: „The Empire Writes Back: Theory and Practice in Post-Colonial Literatures", zitiert nach Gupta, Archana: „The Role of `Mimicry´ in Colonial and Postcolonial Discourse", S. 2.

weicht den binären Konstruktionen aus, um den westlichen Zuschreibungen in der Konstruktion des ‚Orients' zu entkommen und diesen von außen zugeschriebenen Festlegungen etwas entgegensetzen zu können. In Bhabhas Text „Von Mimikry und Menschen", auf den ich im weiteren Verlauf genauer zu sprechen kommen werde, geht die Auflösung der Gegensätze in seinen Formulierungen so weit, dass sich nicht immer eine Unterscheidung zwischen Kolonisatoren und Kolonisierten machen lässt. So verschmelzen diese Gegensätze schon im Text zu einer Figur des Kolonialen, die ‚beide Seiten' gleichermaßen angeht.

Das Gebilde des Hybrids besteht aber nicht aus dem Ineinanderschmelzen und Zusammenschmelzen verschiedener Strukturen, sondern aus dem Ineinander*stecken* ebensolcher Strukturen, die dann in ihrer Kombination ein Gefüge herstellen, welches als Struktur zusammenhängt, in seiner innerlichen Verfasstheit aber stets auch als einzelne Strukturen nebeneinanderher wahrnehmbar bleiben. Bhabha zitiert den Performancekünstler Guillermo Gomez-Peña, der die neue Form des Zusammenlebens in Metropolen nicht mehr mit dem Bild des ‚Melting Pots' (Schmelztiegel) vergleicht, sondern das Hybride ähnlich einem Eintopf beschreibt, in dem nicht alle Zutaten völlig zusammenschmelzen: „According to this model, most of the ingredients do melt, but some stubborn chunks are condemned merely to float."[85] Und diese „stubborn chunks" sind es nun laut Bhabha, die die kulturelle Identität stiften.[86] Nicht ein völliges Ineinander-Aufgehen oder das Schlucken des einen durch den anderen, sondern eine Widerspenstigkeit innerhalb des Hybrids bildet den neuen Raum. Dieser wird bei Bhabha auch als der *Third Space*[87] bezeichnet und kann als Diskurs im Zwischenraum, zwischen den Zeilen begriffen werden.[88] Er ist verortet in einem Zeitgefüge, welches sich nicht in

---

[85] Bhabha, Homi (1993): „How newness enters the world", in ders. „The location of culture", S. 218.
[86] Ebd., S. 219.
[87] Vgl. ebd., S. 37 ff.
[88] Bhabha, Homi (2007): „Von Mimikry und Menschen", in: „Die Verortung der Kultur", S. 132.

der Logik von Vergangenheit – Gegenwart – Zukunft als bereits vorge-schriebenem Blatt definiert, sondern innerhalb dessen Neu(zu)schreibun-gen möglich sind.[89]

> *„[F]or me the importance of hybridity is not to be able to trace two orig-inal moments from which the third emerges, rather hybridity to me is the 'third space' which enables other positions to emerge. This third space displaces the histories that constitute it, and sets up new structures of au-thority, new political initiatives, which are inadequately understood through received wisdom."*[90]

Die vermeintlich kausale Logik eines Aufeinanderfolgens in der Zeit wird durchbrochen und nicht linear gedacht. Die Verschiebung der Perspektive erfolgt nicht nur aus einer Gegenwart heraus, sondern bezieht sich auch auf die Narration einer Vergangenheit. Die Neubestimmung vergangener Perspektiven vollzieht Umschriften, die auch im Zukünfti-gen manifest werden. So stellt sich die hybride Struktur als Ort dar, wel-cher den Schwankungen in der Zeitlichkeit von Narrationen unterworfen ist. Die räumlich gedachte Fügung einer ineinander geschobenen Struktur ist mit Zeitlichkeit verknüpft, der Diskurs von Perspektiv(wechseln) ab-hängig.

> *„If the effect of colonial power is seen to be the production of hybridiza-tion rather than the noisy command of colonialist authority or the silent repression of native traditions, then an important change of perspective occurs. The ambivalence at the source of traditional discourses on au-thority enables a form of subversion, founded on the undecidability that turns the discursive conditions of dominance into the grounds of interven-tion."*[91]

Auch hier finden wir den Begriff der Produktion als positive Bele-gung in der Figur der Wiederholung. Ähnlich wie bei Irigaray wird die Produktivität subversiv belegt und steht dem Prinzip der Reproduktion

---

[89]   Vgl. Nandi, Miriam: „Gayatry Chakravorty Spivak. Eine interkulturelle Einfüh-rung", S. 29.

[90]   Homi Bhabha in einem Interview in: Rutherford, Jonathan: „The Third Space. Inter-view with Homi Bhabha" , in: ders.(Hg): „Identity: Community, Culture, Differ-ence", S. 211.

[91]   Bhabha (1993): „Signs taken for Wonders", S. 112.

als immer gleiche Wiederholung entgegen. Die kolonialen Mächte selber bringen Hybridität und den *Third Space* mit hervor. Auch die Verortung dieser Räume verbleibt nicht an den Schauplätzen der Eroberungen, sondern trägt sich weiter in alle Metropolen und Regionen der globalisierten Welt. „And by exploring this Third Space, we may elude the politics of polarity and emerge as the others of our selves."[92]

5. Homi Bhabha

Koloniale Mimikry

Homi Bhabha wendet nun in dem Text „Von Mimikry und Menschen" die Strategie der Mimikry auf den postkolonialen Diskurs an. Durch Übernahme und Nachahmung aber auch Abänderung von Verhaltenskodizes der Herrschenden (weißen Männer) wird ein Aufweichen und Verschieben vorherrschender Machtsysteme beschrieben. Die Mimikry repräsentiert die Differenz zum Nachgeahmten ebenso, wie sie sie verdeckt. Sie zeigt durch ihr Begehren anzueignen, zu ähneln, ihre Andersartigkeit und spiegelt durch diese die Zufälligkeiten der kolonisatorischen Repräsentation. Die Mimikry verbleibt immer in dem „beinahe dasselbe, aber nicht ganz"[93] der Nachahmung und entfaltet gerade in dieser Differenz ihre Subversivität. Sie stellt die Konstruiertheit des vermeintlichen Originals zur Schau, indem sie perfekt, ja perfekter nachahmt, was dieses zu sein scheint, ohne jedoch von dem *Original* anerkannt zu werden. Diese mimetische Nachahmung in allen Zügen (Sprache, Bildung, Moral, Kleidung) führt nicht, wie zu erwarten wäre, zum ersehnten Ziel der (An-)Gleichung mit den Kolonisatoren, sondern immer ,nur' zu einer nicht ganz anerkannten, andersartigen, nicht-weißen Version. Die Moral der kolonisatorischen Mission wird hierdurch fadenscheinig, das vorgebliche

---

92 Bhabha (1993): „The Commitment to Theory", S. 38.
93 Bhabha (2007), S. 127.

Ziel der heilsbringenden christlichen Botschaft und Freiheit zur Farce. So zieht Charles Grant die Schlussfolgerung aus seinen Erfahrungen, „gerade durch die nur ‚partielle' Wirkung moralischer Verbesserungen würde eine besonders geeignete Form kolonialer Subjektivität aufgebaut."[94] Eine Vermischung von christlichen Heilslehren mit dem vorherrschenden Kastensystem bringe die bestmögliche politische Kontrolle über die Kolonisierten, die ansonsten zu freiheitsstrebend würden.[95] Die sich hier auftuenden moralischen Abgründe gipfeln in der missionarisch absolut inakzeptablen Haltung, heidnische Religionen zu akzeptieren. Der christliche Missionar führt sein eigenes Glaubenssystem zugunsten politischer Machtsysteme ad absurdum. Er selbst wird zu einer Figur der Parodie und führt als Mimikry-Figur die Konstruiertheit jeglichen Glaubenssystems vor Augen. Fortfahrend in dieser Logik entwirft Macaulay den perfekten Dolmetscher, der „zwischen uns und den Millionen, die wir regieren"[96] steht und perfekt angepasst zwischen beiden vermittelt, aber nicht dazu gehört. Und zwar nirgends mehr dazu gehört. Die Widerspenstigkeit der bei Bhabha mit „partielle[r] Präsenz"[97] beschriebenen Mimikry zeigt sich in ihrer Funktion als Spiegel der kolonialen Gesellschaft. Die „autorisierte[n] Versionen der Andersheit" („mimic man"[98]) sind immer auch gleichzeitig die „‚un(an)geeignete[n]' kolonialen Subjekte"[99], das Andere der Kolonisatoren. Ihre Autorität wird durch die Repräsentation des Anderen in seiner Differenz in Frage gestellt, da sie auch immer auf die „partielle Präsenz" verweist, die die nicht-angepassten Objekte mit repräsentieren. Eine Einheitlichkeit oder Homogenität der (autorisierten) Repräsentation ist nicht mehr gegeben, die üblichen Dichotomien von kolonial/kolonialisiert, englisch/indisch, schwarz/weiß oder weiter gefasst dominant/passiv, Ich/Andere_r greifen nicht mehr. Die gesellschaftliche Struktur wird innerhalb der Herrschaftsverhältnisse der kolonisierten Anderen brüchig, gerät zum Spiegel der Kolonisatoren und überträgt in der

---

[94]   Ebd., S. 128.
[95]   Vgl. ebd.
[96]   Ebd., S. 129.
[97]   Ebd., S. 131.
[98]   Ebd., S. 129.
[99]   Ebd., S. 131.

Wiederholungsfigur der Mimikry in ihrer Doppelung und Vervielfältigung die neuartige Struktur des hybriden Körpers auf die autoritäre Präsenz der Herrschenden. In affizierender An-Ähnlichung verschwimmt die
Grenzlinie zwischen Ich und Anderem, wird die Stabilität des Eigenen in
Frage gestellt durch die Instabilität des Subjektstatus des Anderen.

*„Unter dem Schutz der Tarnung ist die Mimikry, wie der Fetisch, ein Teil-
Objekt, das die normativen Systeme des Wissens über die Priorität von
Rasse, Schreiben, Geschichte radikal umwertet. Denn der Fetisch ahmt
die Formen der Autorität an dem Punkt nach, an dem er sie de-autorisiert.
Ähnlich reartikuliert die Mimikry die Präsenz in Gestalt ihrer ‚Anders-
heit‘, in Form dessen, was sie verleugnet."*[100]

---

[100] Ebd., S. 134.

Spaltung des Diskurses

Die Verschiebungen, die durch die Mimikry entstehen und sichtbar gemacht werden, schreiben sich in die Geschichte des Diskurses ein und ermöglichen eine Weiterschreibung von Gesellschaft, die sich außerhalb des Dualismus von Kolonisatoren und Kolonisierten bewegt. Die „Hybriden"[101] werden aus der Gegenüberstellung von aktiv und passiv entlassen und bilden neue Formen kultureller Identitäts(er)findungen. Bhabha mahnt:

> *„Nur wenn die Theorie der Tatsache Rechnung trägt, daß schon der Ort der Äußerung in sich gespalten ist, kann eine internationale Kultur gedacht werden, die nicht auf dem Exotismus des Multikulturalismus oder der Diversität der Kulturen basiert, sondern auf der Einschreibung und Artikulation der Hybridität von Kultur."*[102]

Die Figur der Mimikry im kolonialen Diskurs eröffnet die Möglichkeit einer doppelten Perspektive, so dass sie sich von zwei Seiten aus denken lässt. Nicht nur das unterdrückte Subjekt, das als Objekt von Seiten der Kolonisatoren wahrgenommen und als das ‚Andere' zu sich selbst definiert wird, vollzieht im Prozess der Mimikry eine Änderung, sondern erreicht durch die Wiederholung eine Spaltung des herrschenden kolonialen Diskurses, so dass die Kolonialherren selbst zu Figuren der Mimikry werden. Und zwar in Bezug auf den vermeintlich originären Diskurs.[103] Denn „subalterne Stimmen [sind] in der Lage [...], die dominanten Stimmen zu imitieren, parodieren, ironisieren und damit ihre Autorität zu unterminieren."[104] Mehr noch, diese werden innerhalb des Diskurses zu einer Parodie ihrer selbst und stellen so diesen infrage. So werden sie zu aktiven Akteuren der Hybridisierung im kolonialen Kontext. Mimikry

---

[101] Und hierbei sind alle Subjekte gemeint, die Teil des kolonialen Diskurses sind.
[102] Bhabha (1993), S. 38; (Übersetzung von Grimm, Sabine: „Einfach hybrid!", S. 4-5 übernommen).
[103] Vgl. Simson, Ingrid: „Umdeutungen antiker Widerspenstigkeit", in: Brüske, Anne / Miko Iso, Isabel / Wespe, Aglaia / Zehnder, Kathrin / Zimmermann, Andrea (Hrsg.): „Szenen von Widerspenstigkeit.", S. 75.
[104] Kerner, Ina: „Feminismus, Entwicklungszusammenarbeit und Postkoloniale Kritik", S. 39.

stellt eine Kippfigur dar, die sowohl Anpassung und Verfestigung von Konvention beinhalten kann, deren Potential aber in der Sichtbarmachung von Strukturen und deren Wandlung liegt. Oder mit Simson gesprochen: „Von besonderer Bedeutung erscheint hierbei [Mimikry, Anm. A. T.] die Doppelung von Möglichkeiten, die das Prinzip der Mimikry uneinheitlich macht, ihr eine inhärente Ambivalenz zueignet. Mimikry bietet nicht nur Tarnung und Schutz, sondern ermöglicht auch Angriff und Aggression."[105] In der Formulierung werden nochmals die Möglichkeit der Umkehrung von Unterdrückten zu Aggressoren deutlich und so die binär angelegten Rollen aufgebrochen und durchlässig gemacht.

6. Gayatri Spivak

In der Gegenüberstellung der einzelnen vorgestellten Mimikryfiguren und Aneignungstaktiken fallen ähnliche Herangehensweisen ins Auge, die nahelegen, dass eine Verschneidung oder Kombination einzelner Figuren, vielleicht im Sinne einer Hybrid-Bildung, Sinn machen. Das Zusammenlesen postkolonialer und feministischer Positionen kann auch insofern produktiv werden, dass sich ein Diskurs abzeichnet, bei dem sich die einzelnen Figuren auf Augenhöhe oder anders gesagt im ,Zwischenraum' begegnen und sich gegenseitig affizieren können. Ingrid Simson zieht beispielsweise Mimikry bei Bhabha und Butlers Performanztheorie wie folgt zusammen:

> *„Durch Imitation und performative Wiederholung der Zuschreibungen von Geschlechterrollen vermag partielle Assimilation entstehen, die jedoch die Subversion mit einschließt. Auffällig ist die analoge Struktur von Bhabhas Mimikry und Butlers Performanztheorie: Beiden Systemen inhärent ist ihr ambivalenter bzw. hybrider Charakter, der durch Imitation die Subversion zu schaffen vermag. So wie der koloniale Diskurs durch die*

---

[105]   Ebd.

partielle Identität den antikolonialen Diskurs in sich trägt und hervor-
bringt, so beschreibt Butler die Performativität des Geschlechts als einen
immerfort wiederkehrenden Akt, der den Widerstand selbst evoziert" [106].

Auch die Theoretikerin Gayatri Spivak beschäftigt sich mit verschiedenen der aufgezeigten Figuren und Techniken. Besonders die Beschäftigung mit „Alternativen zu kolonialen Alteritätskonzepten", welche sich unter anderem im Topos des Hybrid-Raumes finden, ist in ihren Schriften eine wiederkehrende zentrale Figur. Spivak, die sich im westlichen Diskurs, besonders französischer Denker_innen, ebenso ansiedeln lässt, wie in der postkolonialen Theorie, versucht, mit ihren Texten den essentialistischen Charakter westlicher Zuschreibungen an einen *Andere_n* zu kritisieren. Mit den Mitteln dekonstruktivistischer Theorie macht sie Essentialismen sichtbar, macht aufmerksam auf den verallgemeinernden Zugriff beispielsweise von französischen Feministinnen: „All we really want to claim is that there is no feminine essence; there is no essential class subject; the general subject of essence is not a good basis of investigation." [107] In gewisser Weise findet sie sich dabei vor ein ähnliches Problem gestellt, wie Irigaray in ihrem Versuch, dem patriarchalen Diskurs zu entkommen: Spivak lehnt eine essentialistische Idee von Identität ab, konstatiert aber, dass ein gewisser Essentialismus vonnöten ist, um gegen die Essentialisierung von Subjekten vorzugehen. [108] „Once you are aware that the only way in which you can deconstruct is by making the structure of that which you critique the structure of your own criticism, then you become conscious of the limitations of total escape." [109]

Ihre Zugehörigkeit zu verschiedenen Diskurssystemen macht ihre Analysen insbesondere in Bezug auf Postkolonialismus und Feminismus sehr interessant. In dem Essay „French Feminism in an International Frame" [110] kritisiert sie die westliche Überheblichkeit, in einem essentialistischen Diskurs ‚alle Frauen' vereinen zu wollen. Sie weist darauf hin, dass sowohl kulturelle Herkunft als auch persönliche Identitätsbildungen

---

[106] Simson, Ingrid: „Umdeutungen antiker Widerspenstigkeit", S. 75.
[107] Spivak, in: Kerner, S. 48.
[108] Vgl. Kerner, S. 48.
[109] Ebd., Zitat Spivak, Gayatry: „The Post-Colonial Critic", S. 45.
[110] Spivak, Gayatri, in: „Feminist Readings: French Texts / American Contexts".

in derartigen Universalisierungen und Essentialisierungen unberücksichtigt bleiben. Die Festlegung des ‚Anderen' auf bestimmte Essenzen scheint auch in diesem Fall als Abgrenzung für die Bildung des eigenen Selbstverständnisses zu dienen. Die erkämpften Privilegien westlicher Feministinnen werden von ihnen als höherwertig eingestuft, so dass der westliche Diskurs immer noch der dominante bleibt, der hierarchische Machtstrukturen mit sich bringt, die aus kolonialen Zeiten mitschwingen.[111]

> *„The point that I am trying to make is that, in order to learn enough about Third World women and to develop a different readership, the immense heterogeneity of the field must be appreciated, and the First World woman must learn to stop feeling privileged as a woman."*[112]

So ist auch für Spivak der einzige Weg für einen internationalen Feminismus in der Kommunikation zu finden. Es kann nur in einem gegenseitigen Zuhören und Lernen bestehen, so dass eben auch hier sich ein Hybrid-Raum[113] bilden kann, innerhalb dessen sich Strukturen ein- und umschreiben lassen. Um noch ein weiteres Mal in Spivaks eigenen Worten zu sprechen:

> *„Actually entering into a responsibility structure with the subaltern, with responses flowing both ways: learning to learn without quick-fix frenzy of doing good with an implicit assumption of cultural supremacy which is legitimized by unexamined romanticization, that's the hard part."*[114]

Für sie besteht die Schwierigkeit darin, aus einer westlichen Perspektive zu verstehen, dass die eigene Perspektive mit ihren Privilegien auch eine Einschränkung der Sichtweise darstellt. „Unlearning one's priviledge as one's loss."[115] Diese Fähigkeit zu entwickeln und sich so auf

---

[111] Vgl. Kerner, S. 53 ff; Der Vergleich mit Missionarinnen, die die ‚Wilden' zivilisieren oder der Ritus der Witwenverbrennung, der unter kolonialer Herrschaft verboten wurde, sind hier Beispiele für westliche Dominanz gegenüber dem kolonialen ‚Anderen'.

[112] Spivak, Gayatri: „In Other Worlds", S. 136.

[113] Allerdings steht Spivak dem Konzept des Hybrid-Raumes viel skeptischer gegenüber. Sie kritisiert, dass er idealisiert wird und Faktoren wie Geschlecht oder Klasse in diesem nicht mitgedacht werden. Vgl. Nandi, S. 30/31.

[114] Spivak, in: Landry, Donna / MacLean, Gerald (Hg.): „The Spivak Reader", S. 293.

[115] Spivak (1990), S. 293.

der Ebene der Kommunikation zu treffen, ist für sie Voraussetzung für einen international gedachten Feminismus, der sich mit einem postkolonialen Feminismus verständigen kann. Eben hier wäre ein möglicher Anknüpfungspunkt, bei dem postkoloniale Unterlaufungsstrategien im patriarchalen Kontext wirksam gemacht werden könnten. Das Lernen subversiver Techniken zur Unterlaufung binärer Machtstrukturen und dem damit einhergehenden Versuch, etwas außerhalb dieses Diskurses zu platzieren, beispielsweise in Form von Mimikry, liefert dann in sich selbst bereits eine affizierende Figur, die sich in einer Art Pingpong-Effekt gegenseitig beeinflusst.

7. Mögliche Effekte von Mimikry, Anpassung, Einschmuggelung

So lässt sich der Begriff der Mimikry mit wechselnder Perspektive produktiv emanzipatorisch oder aber System erhaltend lesen und anwenden. Immer aber ist es die Differenz zum vorgeblichen *Original*, welche das Potential der Veränderung und der Verschiebung in sich trägt, die die Bedrohung der vorherrschenden Ordnung – unter der Maskerade ihrer eigenen Performance verdeckt – darstellt. Das Nachahmen und der Versuch der Anpassung machen in ihrer Unmöglichkeit, dasselbe zu werden oder überhaupt ein *Selbes* zu entdecken, das Fehlen jeglichen *Originals* deutlich. Während hier die Verschiebungen in Bezug auf Mimikry produktiv gemacht werden – die Denkfigur der Aneignung erfolgt aus der Stoßrichtung der unterdrückten Subjekte selber und unterläuft den Diskurs der Mächtigen, indem sie ihn partialisiert – wird mit dem Begriff der ‚sexuellen Arbeit‘ bei Lorenz / Kuster ein Begriff geprägt, der einen Effekt der Aneignung umreißt, welcher die weiblich konnotierten Eigenschaften (soziales Verhalten, Mitgefühl etc.) mit ins Arbeitsleben übereignet und eine Prekarität der Verhältnisse befördert. So kann Mimikry eben auch in anderer Richtung angewendet werden und vorherrschende Strukturen stützen oder sogar verstärken. In diesem Fall schleicht sie sich sozusagen auch unter dem Deckmantel der flachen Hierarchien etc. in die Arbeitsverhältnisse und das Privatleben ein.

Die verschiedenen Techniken, die der Herstellung von Identitäten dienen und in unterschiedlichen Kontexten herauskristallisiert wurden, sei es nun im Kontext der Postcolonial Studies oder von Feministischer Theorie, weisen an vielen Stellen Überschneidungen auf. Abgrenzungsstrategien beispielsweise über „Othering"[116], Rollenzuweisungen anhand von biologischen Geschlechtsmerkmalen oder das Herstellen einer Norm durch stetige Wiederholung wirken zusammen und konstruieren die umgebende Welt. In der Auseinandersetzung mit diesen unterschiedlichen Konstruktionsweisen von Identität wurden auch verschiedene Formen des Unterlaufens deutlich. Im je eigenen Kontext entstehen Formen von Aneignung und (versuchter) Übernahme. Über Prozesse der Nachahmung, der Mimikry, der Überformung oder auch der Maskerade, sind viele Möglichkeiten der Einschreibung und Um- oder Neuschreibung in ihrem historischen Verlauf aufgezeigt worden. Die Verfolgung feministischer Strategien der 1970er bis 1990er Jahre und ihre Fortführung in queer-feministischen Ausdrucksweisen wurde quer-gelesen mit Theoriefiguren des postkolonialen Diskurses. Eine Engführung der Felder findet sich in Ausformulierungen queerer Performances – oftmals durch People Of Color – wieder. Zusammenschlüsse mit emanzipatorischen, feministischen Anliegen bringen eine (Ver-)stärkung der Wirkmächtigkeit und deren Sichtbarkeit hervor.

Wie der Begriff der Intersektionalität den Versuch unternimmt, in seiner Begrifflichkeit mehrere verschiedenartige Diskriminierungen oder Merkmale von Prekarität in sich zu vereinen und auszudrücken, ist es ein Anliegen in dieser Zusammenführung der Unterlaufungsstrategien aus den einzelnen Feldern deren gemeinsame Wirkmächtigkeit aufzuzeigen. Die Bündelung der unterschiedlichen subversiven Techniken soll deren Sichtbarkeit auf der Folie der normativen Unsichtbarkeit erhöhen. Die Ausrichtung der Perspektive muss, in sich verdreht, einen anderen Blickwinkel freigeben.

---

[116] Begriff aus den Postcolonial Studies, der die Definition des eigenen Selbst über Abgrenzung zu anderen, bspw. auch Nationen, beschreibt.

Im Folgenden werde ich verschiedene künstlerische Positionen vorstellen, die durch Aneignungsstrategien ein Verwischen von Grenzen und Verschieben von Bedeutungshorizonten nach sich ziehen.

IV. Künstlerische Aufführungen

1. Voguing in „Paris is Burning"[117]

> *„The name was taken from the magazine 'Vogue'*
> *because some of the movements of the dance are also the same*
> *as the poses inside the magazine.*
> *The name is a statement in itself."*
> Willi Ninja[118]

Mit dem Phänomen des „Voguing"[119], einer tänzerischen Aneignung modischer und gesellschaftlicher Ausdrucksformen einer weißen Upper-Class in sogenannten *battles* durch homosexuelle People Of Color im New York der 1980er Jahre, möchte ich den vorgestellten theoretischen und philosophischen Ansätzen eine künstlerische Form gegenüberstellen.

Ball Culture, Performance, Unterlaufung

Im Film „Paris is burning" zeigt Jennie Livingston Ausschnitte aus den *balls*, die im New Yorker Harlem an verschiedenen Aufführungsorten stattfinden. Sie dokumentiert die *battles* in ihrer Form des Wettbewerbs mit Jurymitgliedern, Performern und Audience. Zusätzlich wird

---

[117] Im Folgenden beziehe ich mich bei Zitaten aus dem Film auf Abschriften, die ich auf der Grundlage einer Version erstellt habe, die auf Youtube in 4 Teilen zu sehen war. Inzwischen ist diese durch eine Version am Stück ersetzt, die Zeitangaben stimmen entsprechend nicht mehr überein. http://www.youtube.com/watch?v=pWuz-fleTFAQ

[118] Ninja, Willi in: „Paris is burning" auf Youtube, Part III, min. 6:58.

[119] Schreibweise übernommen aus: Livingston, Jennie: „Paris is burning", Dokumentarfilm, New York 1990.

der Film begleitet durch eine Reihe von Interviews, die sie mit den Mitgliedern der einzelnen *houses* führt. Hierdurch kommt eine komplexe Struktur von Verbindlichkeiten, Verantwortung und Zuwendung der einzelnen Mitglieder untereinander zum Vorschein. Die prekäre Lebensweise, in der sich jede_r Einzelne befindet, wird anschaulich.

In den zur Aufführung gebrachten Aneignungen spezieller Status (z.B. weißer, erfolgreicher Vorstandsvorsitzender) geht es um eine größtmögliche Übernahme der eingenommenen Rolle: Durch ihre Aufführung zeigt sie einen Möglichkeitsraum auf, lässt sie im Moment der Aneignung das ersehnte, unerreichbare Ideal erscheinen und belegt somit die Möglichkeit einer solchen ‚realen‘ Performance.

> *„In real life you can't get a job as an executive unless you have the educational background and the opportunity. Now the fact that you are not an executive, this is really because of the social standing of life. That is just a pure thing – black people have a hard time getting anywhere. [...] And those that do, are usually straight. In a ballroom you can be anything you want. "* (Dorian Corey)[120]

Die im Moment der Aufführung erzeugte Erscheinung enthält ebenso viel Realität, wie sie überzeugend empfunden wird. Das Urteil der *audience* ist entscheidend für das Gelungensein der Performance. Der performative Akt, der hier vollzogen wird, erzeugt aber eben auch den Möglichkeitsraum, der eine andere Realität im wirklichen Leben außerhalb der *balls* aufscheinen lässt. Die Möglichkeit, diese andere Realität zu denken, zu spielen, aufzuführen, bringt sie derselben ein Stück näher. Genau hier liegt auch das subversive Potenzial der Aufführungen: in dieser scheinbaren Gleichheit. Die ‚Realität‘, das ‚echte Leben‘ wird im Umkehrschluss als eben solch eine Aufführung oder Darbietung mit anders verteilten Rollen entlarvt. Dennoch stellt sich die Frage, inwiefern eine solch mimetische Nachahmung eines vermeintlichen Originals auch zu dessen Stabilisierung beiträgt und so die heteronormative Binarität der Geschlechter und die hegemoniale Verteilung der Macht stützt, anstatt sie infrage zu stellen. Judith Butler geht in ihrer Analyse des Films in dem Kapitel „Gender is burning" unter anderem dieser Fragestellung nach,

---

[120] Dorian Corey in: „Paris is burning" on Youtube, Part I, min. 14:00.

wenn sie feststellt, „daß es keine zwangsläufige Verbindung zwischen *drag* und Subversion gibt und daß *drag* so gut im Dienste der Entnaturalisierung wie der Reidealisierung übertriebener heterosexueller Geschlechtsnormen stehen kann."[121] Hierbei kommt es offenbar sowohl auf den performativen Akt – und dessen Protagonist_innen – selbst an, als auch auf den Kontext der Aufführungen. Findet die Aufführung im Zusammenhang eines eigens hierfür konzipierten *balls* statt oder in größerem Zusammenhang, beispielsweise eines Musikvideos von Madonna (Willi Ninja)? Ist die Performance in der Lage, die Scheinhaftigkeit eines jeden Auftretens und die Abhängigkeit dessen von seiner (heterosexuellen) Matrix deutlich zu machen? Oder geht sie im Wohlgefallen der Rezipient_innen auf oder besser gesagt unter? „In diesem Sinn also ist *drag* in dem Maße subversiv", so Butler, „in dem es die Imitationsstruktur widerspiegelt, von der das hegemoniale Geschlecht produziert wird, und in dem es den Anspruch der Heterosexualität auf Natürlichkeit und Ursprünglichkeit bestreitet."[122]

Es lässt sich also konstatieren, dass die Strategie der Maskerade oder der Mimikry in dem Maße produktiv gemacht werden kann, in dem sie in der Lage ist, das bestehende System mitzudenken und in der Wiederholung desselben Abweichungen und Unebenheiten einzubauen. Die Irritationen, die sich hierdurch ergeben, lassen sich in der Wahrnehmung des Eigenen, des Selbst wiedererkennen und bringen die Kontingenz und Lückenhaftigkeit jeder Identität an die Oberfläche. Die Konstruiertheit der heteronormativen Struktur scheint im besten Falle in der Aufführung durch und zeigt das Subjekt als „inkohärente und mobilisierende Verzahnung von Identifizierungen. Es wird in der und durch die ständige Wiederholbarkeit seiner Darstellung konstituiert, eine Wiederholung, die zugleich dahingehend wirkt, die Normen der Echtheit zu legitimieren und zu entlegitimieren, von denen es produziert wird"[123].

Die Konstruktion von Identität erfolgt über Abgrenzung, die Definition eines Anderen stärkt das Zugehörigkeitsgefühl im Eigenen. So

---

[121]   Butler, Judith: „Körper von Gewicht", S. 178.
[122]   Ebd., S. 178.
[123]   Ebd., S. 185.

scheint das Ausbilden der normativen Matrix an die Strategie des Ausschlusses des imaginierten (und somit erzeugten) Anderen gebunden zu sein. Wie kann nun also die Wiederholung und mimetische Nachahmung eines bestehenden normativen Gefüges zu subversiver Unterlaufung umgelenkt werden?

Film

Im Film „Paris is Burning" unterscheiden wir drei Realismen: Erstens die Realität der *balls,* die in Harlem veranstaltet werden und bei deren Performances zweitens das Bild der Realität der weißen Mittelschicht zur Aufführung kommt und drittens die Produktionsmittel (Film) für den Schein der Realität. Die mimetische Nachahmung innerhalb des Theaters will die größtmögliche Ähnlichkeit – und somit eine eigene Realität – zur Realität draußen erzeugen. „The extravagant costume and *personae* displayed at the balls are serious rehearsals for a much tougher walk - down the `mean streets´ of New York City."[124] Die Performance agiert also auf der Trennlinie von ‚echter‘ und ‚gespielter‘ Realität mit dem Ziel als ‚echt‘ durchzugehen, *to pass.* Diese Annäherung an die idealisierte, weiße, normative, heterosexuelle Welt an sich, hat noch nichts Subversives inne. In der Aufführung wird aber immer auch der Spalt spürbar, der sich zwischen nachahmender Erscheinung und erwünschter Präsenz im echten Leben auftut. „The balls intervene in the smooth reproduction of physical images by using mimicry appropriation both to point out the constructedness of that image and to replicate its power."[125]

Der Traum, unter dem Schutz eines heterosexuellen weißen Mannes zu leben und dessen weiße Ehefrau zu sein, zielt auf größtmögliche Anpassung und Nicht-Sichtbarkeit. Auf ein nicht länger markiertes und verwundbares Äußeres. Diese unmarkierte Präsenz wird in den Aufführungen sichtbar, aus ihrer unsichtbaren Norm gehoben und visualisiert.

---

[124] Phelan, Peggy: „Unmarked. The Politics of Performance", S. 99.
[125] Ebd., S. 107.

Oder mit Phelan gesprochen: „The performances, then, enact simultaneously the desire to eliminate the distance between ontology and performance – and the reaffirmation of that distance."[126] Sobald dieser erzeugten Realität aber zusätzlich die Kamera als Aufzeichner von Realität gegenübergestellt wird, wandelt sich die Illusion der *ball*-Performances zu einer Darstellung ihrer inneliegenden Realität der Ausgeschlossenheit als nicht-weiße schwule Männer im Kontext weißer Normativität. Die Kamera erzeugt eine eigene Filmrealität.

> *„Seit dem Beginn des Kinos luden Filme nicht nur dazu ein, sich beispielsweise mit weißen SchauspielerInnen zu identifizieren, Filme führten auch unentwegt und wiederholt jene regulierenden Akte auf, in denen Whiteness als normative Strukturkategorie wirksam geworden ist. [...] Das, was wir im Kino als natürliche Körper wahrnehmen, sind technologisch erzeugte Körperbilder, die sich konsequent und unausgewiesen an der Norm weißer Körper und weißer Gesichter orientieren."*[127]

Besonders dem Dokumentarfilm wird die Eigenschaft zugeschrieben, die Aufzeichnung von Lebensrealität, nicht Fiktion, Traum oder Illusion zu zeigen. Die Kamera gibt vor, nichts zu konstruieren, sondern lediglich aufzuzeichnen, was sie ‚sieht'. Dass sie durch ihre bloße Anwesenheit Dinge verschiebt, Inszenierungen hervorhebt, anderes marginalisiert, thematisiert der Film nicht. Die Anwesenheit der Filmemacherin wird ebenso wenig in den Blick genommen, wie die der Kamera selber. Gerade aber durch ihre Anwesenheit und das ‚Sehen' der Kamera wird die Inszenierung schon insofern verschoben, als sie sich an ein ganz anderes Publikum wendet. Nicht die *community* der *ball*-Besucher_innen ist nun der Adressatin, sondern das Kinopublikum, welches höchstwahrscheinlich Teil der begehrten Mittelschicht ist. Durch das Verwischen ebenjener Grenzen in den Performances der *balls*, finden sich die Zuschauenden im Kino selbst in der Position der teilnehmenden a*udience* des *balls* wieder. Sie werden so einerseits Teil der *audience* der *balls* – und so Teil der beurteilenden, aber nicht normativ geprägten Zuschauenden und fiebern mit den Performer_innen mit. Andererseits sind sie Teil

---

126 Ebd., S. 99.
127 Bernold, Monika: „Schwarze Engel?", in: Ellmeier, Andrea / Ingrisch, Doris / Walkensteiner-Preschl, Claudia (Hrsg.): „Gender Performances", S. 161.

der imaginierten Ideale, der vorgestellten Welt, so dass sich über diese *realness*-Inszenierungen diese ‚vorbildliche‘ Welt selbst als Schein infrage stellen lässt. Die Vorführungen zeigen die Theatralik des alltäglichen Lebens und lassen es so als Schauspiel aufscheinen. „It is the endless theatre of everyday life that determines the real: and this theatricality is soaked through with racial, sexual, and class bias.“[128] Die Subversion entsteht hier also erneut bei der Übertragung und Verschiebung in ein anderes Medium, da sich dadurch Adressat und Verortung der Szenerien verändern. Die Wirkung der Verschiebungen in den Performances hängt nun sehr stark von der Art der Rezeption ab: Bleibt sie in wohlgefälligem, zerstreuendem Betrachten gefangen oder tut sich eine Lücke auf, in der die Scheinhaftigkeit jeglichen Rollenverhaltens aufblitzt? Oder um mit Butler zu sprechen:

> *„Wenn die ethnographische Eingebildetheit erlaubt, daß die Darstellung zu einem exotischen Fetisch wird, von dem sich das Publikum ausnimmt, wird die Warenförmigkeit der heterosexuellen Geschlechtsideale in diesem Falle vollendet sein. Wenn aber der Film die Ambivalenz nachweist, dasjenige zu verkörpern, was man sieht – und an der Verkörperung zu scheitern –, dann wird sich zwischen jenem hegemonialen Aufruf zur normativierenden Geschlechtsidentität und deren kritischer Aneignung eine Distanz auftun.“[129]*

Die Frage, inwiefern das Publikum sich lediglich als Zuschauer einer unbekannten Welt fühlt – was durch die Wahl des Genres Ethnographischer Dokumentarfilm unterstützt wird – oder die Bezogenheit der Darstellungen auf sich selbst münzt, ist die eine. Die andere ist, in welcher Weise die dargestellten Ideale aufgenommen werden. Ob es dazu verleitet ist, sich durch die Darstellungen geschmeichelt zu fühlen oder doch eher geläutert.[130] Dies ist auch ein zentraler Kritikpunkt an verschiedenen Stellen der Rezeption. Livingston stellt zu keinem Zeitpunkt die Position der Kamera (in Dokumentarfilmen) infrage, thematisiert ihren eigenen Blickwinkel nicht. Die allwissende Vogelperspektive, die sie dadurch ein-

---

[128] Ebd., S. 99.
[129] Butler, S. 193-194.
[130] Siehe dazu auch Phelan, S. 102.

nimmt, bleibt unmarkiert und bildet doch den ebenso vorgeprägten Blick-winkel der Allgemeinheit auf etwas Besonderes, wie ihn die Mitglieder der *balls* vorführen. Auf der anderen Seite kommen einem durch ebenje-nen Blick auch die eingeblendeten Szenen auf New Yorks Straßen, die das normale Leben darstellen, phantasmatischer und unechter vor als alles andere im Film Gezeigte. Beim Ansehen des Films mit den darin aufge-machten Bildern von Weiblichkeit in den verschiedenen Facetten ver-schwimmen der Zuschauer_in die Unterscheidungen und scharfen Trenn-linien von ‚echt' und ‚unecht'.

Weiße Weiblichkeit als verklärtes Idealbild

Dennoch stellt die Theoretikerin bell hooks die Wirkung des Films auf ein hauptsächlich weißes Publikum infrage. Die Darstellung (fast) ausschließlich weißer Frauen als das ultimativ Weibliche sieht sie als di-rekten Angriff auf schwarze Weiblichkeit. Die im Film gezeigten Rollen, wie auch die Interviews, beziehen sich fast immer auf weiße weibliche Vorbilder. Innerhalb dieser Sehnsucht nach der Rolle der weißen bürger-lichen Frau schwingt implizit auch immer der heterosexuelle weiße Mann mit. „[[If in]...] their deepest dreams is always the longing to be in the position of the ruling-class woman then that means there is also the desire to act in partnership with the ruling-class white male."[131] Ihrer Meinung nach schwingt in dieser Sehnsucht keinerlei Kritik an der herrschenden, weißen, patriarchalen Gesellschaft mit. Wie weiter oben aufgezeigt, glaube ich dennoch, dass die Darstellung und Nachahmung eben jener vermeintlich ursprünglich weiblichen (weißen) Rollenklischees die ge-sellschaftlichen Strukturen vorführen und sie als erstrebenswertes Ideal infrage stellen. Die Bilder beginnen eine Wirkung zu entfalten, die weit über die Aufführung selbst hinausweisen. Sie schreiben sich in das Seh-Gedächtnis der Zuschauer_in ein, erneuern oder ergänzen das Spektrum der denkbaren Möglichkeiten. Es bleibt eben nicht bei einer perfekten

---

[131]   hooks, bell: „Black Looks. Race and Representation", S. 148.

Imitation. Die Maskerade zeigt in ihren Brüchen und Rissen die Unstimmigkeiten von Identitätsmodellen auf und unterläuft in der Wiederholung dessen die eigene Selbstverständlichkeit der Rezipient_innen. „Mit der These, daß alle Geschlechtsidentität wie *drag* ist oder *drag* ist", so Butler, „wird deutlich gemacht, daß im Kern des *heterosexuellen* Projekts und seiner Geschlechtsbinarismen ‚Imitation' zu finden ist; daß *drag* keine sekundäre Imitation ist, die ein vorgängiges und ursprüngliches soziales Geschlecht voraussetzt, sondern daß die hegemoniale Heterosexualität selbst ein andauernder und wiederholter Versuch ist, die eigenen Idealisierungen zu imitieren."[132] hooks hingegen sieht in dem Film „a documentary affirming that colonized, victimized, exploited, black folks are all too willing to be complicit in perpetuating the fantasy that ruling-class white culture is the quintessential site of unrestricted joy, freedom, power, and pleasure."[133] Sie führt weiter an, dass sie selbst bei einer Vorführung des Films negative Erfahrungen von dessen Rezeption gemacht habe, bei denen die Darstellungen als „amazing, [...] incredibly funny"[134] bezeichnet wurden und so doch auf eine sehr unkritische Wahrnehmung schließen lassen. hooks zieht demnach eine entgegengesetzte Schlussfolgerung aus den Darstellungen und deren Rezeption in einem heterosexuellen Umfeld. Dies mag unter anderem auch daran liegen, dass das ‚ideale' Bild weißer Weiblichkeit, welches von den Protagonist_innen der *balls* entworfen wird keineswegs jeder weißen Frau als Ebenbild erscheint. Die zu einem Ideal stilisierten Frauen in den Aufführungen zeigen vielmehr ein trauriges Frauenbild auf, welches sich scheinbar lediglich durch Schein und Aussehen definiert, innerhalb dessen keinerlei Differenziertheit im Selbstbild mehr möglich ist. Die Frau als Spiegelbild des Verlangens der Männer kann von biologischen Frauen vielleicht nicht so einfach als das erstrebenswerte Ideal angesehen werden, das es für die Performer der *balls* zu sein scheint. Hier tut sich ein weiterer Spalt auf, der die Differenz von Realität und Realität, von Schein und Schein beleuchtet. So kann der

[132]   Butler (1997), S. 178.
[133]   Hooks, bell, S. 149.
[134]   Ebd., S. 149.

Film in der Klischeehaftigkeit der idealisierten Bilder und seiner aufgeführten Darbietungen an die Konstruiertheit des identitätsstiftenden Scheins an sich rühren, aber auch eine Traurigkeit darüber hervorrufen, dass diese Rollenklischees als erstrebenswerte Bilder dargestellt werden. Andererseits birgt die Performance dieser Frauenbilder die Möglichkeit, sich dem Ausfüllen der Rolle zu verweigern. Eine Erkenntnis, die Phelan folgendermaßen beschreibt: „White women like myself have been encouraged to mistake performance for ontology [...]. If performance can provide a substitute real then `identity´ can truly be an invention"[135].

Wer spricht – für wen?

Zurück zur Kritik hooks scheint mir die Frage des Kontexts entscheidend zu sein. Die junge weiße Filmemacherin präsentiert in hooks Augen aus der Außensicht einer Dokumentaristin eine Entdeckung, die zum Spektakel gerät. Der voyeuristische weiße Blick setzt für sie unreflektiert vorherrschende Machtstrukturen um und stellt die Protagonist_innen zur Schau. Die Frage, wer für wen sprechen darf / kann und in welcher Rolle, wird verhandelt.[136] Dennoch kommt auch für sie auf der Ebene der Darsteller_innen das Anliegen Einzelner zum Tragen, beispielsweise, wenn sie über Dorian Corey spricht, der im Film einen der Mitbegründer der *ball-culture* repräsentiert: „He explains how the balls enabled marginalized black gay queens to empower both participants and audience."[137] Die aufgebaute Struktur, die hinter den *balls* steht, mag hier auch einen Großteil des *empowerments* ausmachen. Die einzelnen Performer sind in *houses* zusammengefasst, innerhalb derer sie nicht nur auftreten, sondern auch gemeinsam leben. Diese *houses* sind wie Familien strukturiert und gliedern sich in *mother* und *children*. Sie fungieren für ihre Mitglieder tatsächlich als neue Familie, da sie meist aus ihren Ursprungsfamilien verstoßen wurden. So zeigt diese Form der Organisation

---

[135] Phelan, S. 105.
[136] Ebd., S. 150 ff.
[137] Ebd., S. 155.

und Verantwortlichkeit neben den *balls* eine weitere Komponente der Selbstermächtigung und der Identitätsbildung neben der Vorgabe der zweigeschlechtlichen Familienstruktur auf. Die *mothers* der einzelnen Häuser sind es auch, die im Film die kommentierenden Stimmen als begleitenden Text haben. Sie sind im Laufe ihres Lebens besonders erfolgreiche Dragqueens gewesen und haben sich so den Status der *mother* eines Hauses erarbeitet, sind deren Stimme nach außen.

Reading

Die Aufführungen der Teilnehmenden beinhalten aber keineswegs, wie es nun den Anschein haben mag, nur Darstellungen von weißen Frauen. Es werden ebenso Situationen auf dem Campus von Eliteuniversitäten, im Militär oder auf dem Schulweg inszeniert.

Die Performance des Geschäftsmannes überzeugt in der Aneignung der Haltung, der Gesten, des Scheins so sehr, dass sie die Echtheit eines jeden Geschäftsmannes infrage zu stellen vermag. Die mimetische Anpassung, die perfekte Ausfüllung der Maske und der damit verbundenen Rolle, ist in der Lage, den Schein, die Konstruiertheit jeglicher gesellschaftlicher Rollenzuschreibung zu offenbaren. Dementsprechend zielt die Aufführung darauf ab, als solche nicht mehr erkennbar zu sein und völlig in einer verwechselbaren Ähnlichkeit oder auch Gleichheit der dargestellten Performance aufzugehen. Sobald die Gespieltheit sichtbar und lesbar – *reading* – wird, schießt die Aufführung an ihrem Ziel vorbei. Butler beschreibt diesen Vorgang des Deutens (*reading*) folgendermaßen:

> *„Bezeichnenderweise handelt es sich um eine Darstellung, die in dem Maße Echtheit bewirkt, wie sie nicht gedeutet werden kann. Denn ‚Deuten‘ heißt in diesem Umfeld, jemandem einen Dämpfer aufzusetzen, zu entlarven, was auf der Ebene der Erscheinung nicht richtig gelingt, heißt jemanden beleidigen oder lächerlich zu machen. Wenn eine Darstellung funktioniert, heißt das also, daß eine Deutung nicht mehr möglich ist oder daß eine Deutung, eine Interpretation, wie eine Art klarsichtiges Sehen erscheint, in dem das,*

was zur Erscheinung kommt und was es bedeutet, deckungsgleich sind."[138]

In den Performances wird der Versuch unternommen, etwas zur Aufführung zu bringen, was als unmarkiert und nicht-sichtbar gilt. Dieser vorgeblich nicht-markierte und somit als Norm geltende Habitus wird aber spielend herübergebracht und somit als im eigentlichen Sinne sehr wohl markiert entlarvt. „Whiteness lacks an original, yet it is performed and reperformed in myriad ways, so much that it seems `natural´ to most."[139] So gerät in „Paris is Burning" Whiteness als Kategorie in den Blick, ohne dass dies intendiertes Ziel des Filmes ist. Über die Erzählung der People Of Color schleicht sich die Erzählung über Weiß-Sein und damit unmarkiert sein, ein. Die Markierungen der Gesellschaft durch die vorgeführten Habitus der weißen Mittelschicht werden sichtbar, ebenso wie die Imagination einer ‚idealen' Weiblichkeit. Beides wird als Konstrukt umschrieben in den mimikry-artigen Performances und macht so den Umbau desselben möglich: befreiend für die Rollen von Weiblichkeit, beängstigend vielleicht auf der Ebene der sichtbaren Konstruiertheit der Macht.

Die Kunstfertigkeit des Darstellens, der Kampf-Charakter der Wettbewerbe mit der Beteiligung der *audience,* die hergestellten Bilder in ihrer „realness" und die Schein-Realität des Filmes bilden sich auf einer Folie ab, die die verschiedenen Ebenen durchscheinen lässt. Die Schichten passen nicht genau zu- oder aufeinander und bilden in dieser Unschärfe den Möglichkeitsraum für Verschiebungen von der mimetischen Abbildung hin zu einer Umformulierung von Geschlecht und Geschlechterrollen.

---

[138] Ebd., S. 183.
[139] Foster, Gwendolyn: „Performing Whiteness. Postmodern Re/constructions in the Cinema.", S. 2; zit. nach: Bernold, Monika: „Schwarze Engel?", S. 161.

2. Zebra Katz

Im Folgenden möchte ich auf ein Musikstück des Rappers Zebra Katz eingehen. Er bezieht sich in Titel und Refrain auf den Term *reading* aus der *ball-culture* der 1980er Jahre. In dem Song „Ima read"[140] wird der *battle*-Charakter der *balls* in neuer Weise inszeniert. Zebra Katz hat zusammen mit Njena Reddd Foxxx bei dem Hip-Hop-Label „Mad Decent/Jeffrrees" 2012 seinen Hit „Ima Read" veröffentlicht. Nicht zuletzt wegen der Ästhetik des zugehörigen Musikvideos zog der monoton durchgezogene Minimalbeat mit den merkwürdig anmutenden Textzeilen in seinen Bann. Im Titel des Songs wird der Bezug zur *ball-culture* der 1980er Jahre evident: *reading*. Wie im Film „Paris is burning" ist auch in den Zeilen des Rappers Zebra Katz *reading* als etwas Negatives zu verstehen. So nimmt er im Interview Bezug auf den Film: „If you've seen *Paris is Burning*, there's a section with Dorian Corey where she says `shade comes from reading, but reading came first.´ We can only guess at what comes next."[141] In seinen Videos und Performances hat er sicherlich einen nächsten Schritt eingeleitet.

Lyrics (Textebene)

Die Ästhetik und die Texte widersetzen sich der gängigen *hip-hop-culture*, die oftmals mit homophoben und frauenfeindlichen Texten und Bildern durchsetzt ist. Die übliche Sprache bzw. einzelne Worte werden in seinen Texten übernommen und in neuem Zusammenhang umgedeutet, er lässt sie aufeinander prallen. Zurück zum Term *reading* betont Katz in Video und Text, dass er die beschriebene Person ‚deuten' wird: „Ima

---

[140] http://vimeo.com/34982652.
[141] Clarke, Felix: „Ima Read: The Rise Of Zebra Katz" auf: http://sabotagetimes.com/music/ima-read-the-rise-of-zebra-katz/

read that bitch"[142], dass er sie entsprechend ihrer Performance entlarven, vorführen wird. In der Aufführung des Songtextes im dazugehörigen Videoclip wechselt sich Zebra Katz mit der Sängerin Njena Reddd Foxxx dialogisch ab, wodurch deutlich wird, dass der Ausdruck *bitch* nicht weiblich adressiert ist, sondern jede_n betreffen kann. Das Video spielt sich im Szenario einer Schule ab – „Ima school that bitch" –, Unterricht in Form von Vorlesung wird aufgeführt. Einerseits wird hier die Institution Schule – und somit eine Stelle genormter, standardisierter Wissensformen - aufgerufen, „I'm gonna take that bitch to college, I'm gonna give that bitch some knowledge", andererseits die Frage von Aneignung, Beibringen und Deutungshoheit neu verteilt: „It's gonna be cohesive, It's gonna be my thesis, I'mma read that bitch, I'm that bitch", Legitimierung und Be-Deutung werden aus sich selbst heraus festgelegt. Wer die Be-Deutung der Performance anzweifelt, wird eine entsprechende Antwort in Form von *thesis*, also schriftlich, wissenschaftlich legitimiert, erhalten. Die Form des *battles* wird bei Zebra Katz auf der textlichen Ebene ausgetragen, explizit aufgezählt: „I'mma chop that bitch, I'mma slice that bitch, I'mma dice that bitch, I'mma ice that bitch", während die *balls* der gay community den *dance-floor* als Austragungsort für Konflikte beschreiben: „Voguing is the same thing as like taking two knives and cutting each other up – but through a dance-floor."[143]

Videoclip (Ästhetik)

Das Video „Ima read" spielt in einer menschenleeren Schule. Das typische Mobiliar aus Holz und lange Gänge lassen diese Verortung sofort zu. Katz tritt in einem Anzug auf, hält einen Zeigestock in der Hand und deutet in einzelnen Szenen immer wieder auf projizierte Inhalte an der Tafel. Gegengeschnitten wird Foxxx im Aufzug eines Highschool-Mädchens mit Schuluniform und zwei Zöpfen. Sie ist diesem Outfit aber eindeutig entwachsen und spielt hier die Rolle eines Schulmädchens.

---

[142]   Katz, Zebra: „Ima Read", Textzeilen nach der Internetseite rapgenius auf: http://rapgenius.com/Zebra-katz-ima-read-lyrics.
[143]   Ninja, Willi in: „Paris is burning" auf Youtube, Part III, min. 5:18.

Abbildung 8: Zebra Katz, Filmstills aus „Ima Read": leere Gänge, Schulmobiliar

Während sich diese beiden Hauptprotagonisten mit dem Text abwechseln, werden immer wieder zwei Figuren dazwischen geblendet, denen in klassischen Musik- und Hip-Hop-Videos wahrscheinlich die Rolle der Backgroundgirls zugeschrieben wäre. Es handelt sich aber um zwei androgyn wirkende Gestalten, die in Mädchenschuluniformen stecken, geflochtene Zöpfchen haben und weiße Strümpfe tragen. Ihre Gesichter sind durch weiße Masken bedeckt, lediglich an den Händen ist Haut zu sehen. Neben Foxxx wirken sie gespenstisch, fast leblos. Eingeführt werden sie in Standbildern, bis sie mit Beginn der Lyrics in Bewegung geraten.

Abbildung 9 / 10 (u.): Zebra Katz, Filmstills aus „Ima Read":
Die ‚Backgroundgirls' tauchen auf.

Sie vollziehen Sprünge und ausladende Bewegungen, die in Zeit-
lupe abgespielt werden. Mit ihrem Auftreten wird eine andere Zeitebene
eingeführt, abgehoben von den Bewegungen der beiden Hip-Hopper, deren (Mund-)Bewegungen eins zu eins wieder gegeben werden. Die Zöpfe
der Maskenträger werden Teil von deren ausladenden Bewegungen. Dieselbe Schuluniform, die bei Foxxx zum ultra-sexy Outfit gerät, wird an
ihnen zur gleichmachenden Kostümierung, im wahrsten Sinne unifor-
miert sie die beiden. Auch Foxxx trägt geflochtene Zöpfe, die aber frech
aufbegehrend, verführerisch und gleichzeitig unberechenbar rüberkom-
men, und noch ihr Fake-Schulmädchen-Sein unterstützen. Die weißen
Masken der beiden Figuren unterstreichen in ihrer Reglosigkeit noch die
Stilisiertheit der Performance.

Selbst im Zusammentreffen der drei Figuren bleibt diese Aufteilung erhalten: Foxxx springt über das Seil, welches die anderen beiden für sie schwingen und scheint mit ihrem ganzen Körper bei der Sache, während die beiden anderen unbeteiligt, lethargisch und in einem anderen Modus wirken.

Auch stellt die gesamte Ästhetik des Videos das vorherrschende Outfit eines Hip-Hop-Videos infrage: die beiden ‚Kinder' spuken geisterhaft durch die Räume, stellen in ihrem Aufzug eher das Gegenteil der extrem sexuell aufgeladenen Backgroundgirls dar. Sie erinnern durch ihre Doppelung an die beiden Mädchen aus dem Film „The Shining" von Stanley Kubrick, die ebenso bewegungslos immer wieder in der Flucht von langen Gängen in einem leeren Gebäude auftauchen. Auch die zurückgenommene Farbigkeit des gesamten Videos, die die dunklen Räume noch unterstreicht, grenzt sich von schillernden, blinkenden (*blingbling*[144]) Hip-Hop-Szenarien ab.

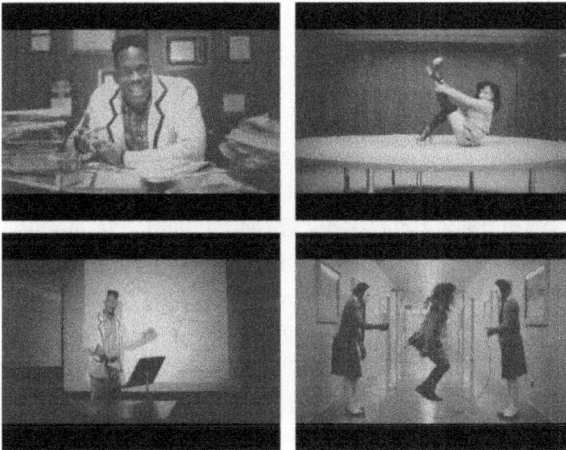

---

[144] Bezieht sich auf Accessoires und Schmuckstücke, die in ostentativer Weise getragen werden. Bling-bling stellt die auditive Umschreibung des Phänomens von Glitzern dar und wird seit 1998 gehäuft in Hip-Hop-Songs verwendet. Siehe: www.en.wikipedia.org/wiki/Bling-bling.

Die Inszenierung gleicht daher eher der eines Horrorfilms, denn der eines Musikvideos. In langsamen Schnitten wird zunächst die Location festgestellt (Schule), um dann alle Figuren einzuführen: in Standbildern, Detailaufnahmen und der Rückenansicht von Foxxx. Sobald Katz das erste Mal „Ima read that bitch" singt, kommt Bewegung in die Figuren. Die Geschwindigkeit des Videos bleibt aber die gesamte Zeit über sehr langsam, was den extrem schnell gesprochenen Textpassagen entgegensteht, aber noch durch den monotonen Minimalbeat verstärkt wird.

Sichtbarkeit

Katz' Videoclip und der Song „Ima read" erhielten Einzug in die Pariser Modeschauen 2012, wurden zu deren Leitmotiv, nachdem Rick Owens den Song für seine Herbst-/Winter Frauenkollektion ausgewählt hatte. In der Aneignung der Ästhetik des Videos und des Sounds durch die Pariser Modeszene findet eine Umkehrung des aufgezeichneten Phänomens des Voguings in „Paris is burning" statt: die Rück-Aneignung von Gesten und ästhetischen Ausdrucksformen aber auch die dahinter stehende Haltung der Protagonist_innen. Die Performances von Zebra Katz wenden sich an eine aufstrebende Szene queerer Rapper in New York und überschreiben in ihrer Ästhetik die vorherrschenden homophoben Strukturen und Rollen-Vorgaben des Mainstream-Hip-Hop. Durch seine ‚Eroberung' von Paris hat er sich und der Underground-Szene eine Sichtbarkeit verschafft, die über die queere Szene hinausweist. Im Sinne einer mimetischen Anpassung könnte man sagen, dass die vormaligen Imitator_innen auf den *balls* im New York der 1980er Jahre eine Verschiebung im vermeintlichen Original der Pariser Haute Couture hervorgebracht haben und insofern der Wunsch Willi Ninjas Realität geworden ist: „I want to take Voguing´ not to just `Paris is burning´, but I want to take it to the real Paris. And make the real Paris burn. That's what I wanna do."[145]

---

[145] Ninja, Willi in: „Paris is burning" auf Youtube, Part III, min. 8:25.

3. (Pop-)Kulturelle Vereinnahmungen

Was sich bei Zebra Katz und Njena Red Foxx in einer dunklen Ästhetik im Videoclip ohne schicke Accessoires und Glamour in Kombination mit bissigem Text äußert, findet auch bei anderen Hip-Hop Künst-
ler_innen immer häufiger Ausdruck: die Verweigerung, sich im festge-
schriebenen Kontext konform zu bewegen. Gängige Formen werden aufgenommen und weitergedreht: sei es eine Lil'Kim, die die klassische
Rolle des männlichen Hip-Hoppers in Anspruch nimmt und auf ganzer
Linie dessen Habitus und Machtanspruch versinnbildlicht. „By remixing
male rappers' songs, female rappers are able to inject and inflect feminine
discourse into dominant masculine discourse. However, as Jeffries states,
there is a distinct difference between feminine discourse and feminist discourse."[146] Oder ein Macklemore, dessen politische Anliegen in seinen
Texten zum Ausdruck kommen (gegen Homophobie / Drogenkonsum
etc.) und der in seinen Videos die gängigen Style-Elemente vorführt und
verspottet. In seinem Musikvideo zu dem Stück „Thrift Shop"[147] (feat.
Wanz) wird der gängigen Zuschreibung von großen Autos und teuren
Klamotten eine ‚Gang' auf Fahrrädern entgegengestellt. Die ‚sexy girls',
die in jedes Musikvideo gehören und sofort als Zitat erkannt werden,
schieben Macklemore im trashigen Leopardenoutfit durchs Bild. Die Sze-
nerie wechselt in eine Clubszene, er singt von schönen Menschen und
Klamotten, die teuer sind und davon, dass er sich sein Outfit für 20 Dollar
im „thrift shop" holt und auf „grandpa-style" macht. Er singt explizit von
den billigen Preisen, die er für die gefundenen Sachen bezahlt hat – „but
shit, it was 99 cents", „thank your granddad for donating that plaid button-
up shirt". Das Vorführen der eingefleischten Klischees, angefangen beim
Tragen von teuren Ringen, Brillen, Schuhen, bis hin zur Dekoration mit
schönen Frauen gelingt sowohl auf der textlichen wie auch der bildlichen
Ebene sehr humorvoll. So bedient er sich ebenso der codierten Sprache

---

[146] Francois, Menda auf der Internetseite gender across borders: www.genderacrossbor-
ders.com/2010/02/06/part-13-nicki-minaj-and-the-paradox-of-hip-hop-feminism/.
[147] www.youtube.com/watch?v=9IS2n3WSxHk.

des Hip-Hop, z.B. singt er „ I'm gonna pop some tags" als Refrain, was sich auf den Ausdruck „pop a cap"[148] im Gangsta Rap bezieht. Dieses bedeutet einen Schuss abgeben, während sein erfundener Begriff ein Preisschild entwerten heißt. Die Bilder des Videos dekonstruiert er mit den zugehörigen bissigen Texten selbst. Meint man auf der Bildebene gerade noch, dass er von zwei schönen Frauen bewundernd umgeben ist, singt er darüber, dass er seine günstig erstandenen – stinkenden – Secondhand-Klamotten[149] besser mal hätte waschen sollen. Der eingängige Sound macht aber auch den Song als solchen zu einem eigenständigen, adäquaten Musikstück in der Szene. Durch die Aneignung genretypischer Klischees in Hip-Hop Videos bedient er sich der Sehgewohnheiten der Rezipient_innen, um sie auf witzige Weise zu dekonstruieren.

Remix als Vehikel für Einschreibungen

Zu beobachten ist, dass sich die Szene des Hip-Hop erweitert, heterosexuelle Strukturen nicht mehr ausschließlich vorherrschen und alternative Bewegungen wie *sissy bounce* entstehen. Interessanterweise ähnelt sich die Form des Bekanntwerdens vieler junger Hip-Hop Künstler_innen. Eine gängige Art der Einschreibung hilft vielen auf ihrem Weg zur Popularisierung: der Remix. Hierbei wird ein bereits bekanntes und beliebtes Musikstück neu interpretiert und als Vehikel für das Eigene benutzt. Besonders für junge Hip-Hop-Künstlerinnen ist dies eine Möglichkeit, sich selbst präsent zu machen, beispielsweise mit einem Hit eines männlichen Kollegen[150]. Der Kontext des Originals ist eine gegebene Setzung, zu der man sich positionieren kann, seinen eigenen Standpunkt klar

---

[148]   „mutha fucka back to fuck off befo I pop a cap in yo bitch ass" bedeutet to shoot someone, jemanden erschießen, siehe auf urbandictionary: http://www.urbandictionary.com/define.php?term=pop%20a%20cap.

[149]   Secondhand-Klamotten stehen hier im Gegensatz zu teuren Marken-Klamotten, die in der Szene üblich sind und den eigenen Lifestyle repräsentieren. Diese werden als „swag" bezeichnet.

[150]   Azealia Banks hatte 2011 ihren Durchbruch mit dem Hit „212", der auf einem Sample von Lazy Jay aufbaut. Die Ästhetik des Videos ist sehr puristisch: Banks

machen. Mehrere dieser Remixes werden dann zusammengefasst auf Mixtapes, die unter der Hand, z.B. bei Konzerten verkauft werden. Natürlich spielt auch Youtube hier inzwischen eine große Rolle. Diese Form der Aneignung in Form von Einschreibung der eigenen Stimme etc. ist für mich ein sehr gelungenes Beispiel von Wiederholung, die sich nicht im Nachahmen des Originals erschöpft, sondern in der Wiederholung ein Neues erschafft.

Insbesondere bei der *sissy bounce*-Bewegung spielt diese Form der Einschreibung eine große Rolle, es ist ein Sampling-Genre: Die DJs benutzen Samples von bestimmten elektronischen Beats (*triggerman beat / brown beat*[151]), über welche dann live gerappt wird. Die entstandenen Mitschnitte der Konzerte können zwar erworben werden, wie beschrieben als Mixtapes, es gibt aber wenig Interesse seitens des Musikbusinesses an der Bewegung. Die Verbreitung des Phänomens *sissy bounce* findet deshalb auch fast nicht über die Stadtgrenzen New Orleans' hinaus statt. Selbst Diplo, der als Entdecker neuer Underground-Musik gilt, hat mit der Produktion eines Songs – „Express Yourself" – mit Nicki Da B, einem der bekanntesten *sissy bounce*-Stars, kaum kommerziellen Erfolg und Verbreitung im Mainstream erzielt. Das mag auch an der besonderen Form der Performances liegen:

Bei *sissy bounce* handelt es sich um eine musikalische Form, bei der man behaupten kann, dass sie der ursprünglichen Bedeutung von Hip- (Sprache) und Hop (der körperlichen Bewegung dazu) sehr nahe kommt. Der *sissy bounce* entstand um 2009 als queere Variante der *bounce music*. Diese neue Form von Rap-Musik ist geprägt von schwulen (*sissy*) Sängern, die sich hier eine Präsenz innerhalb des Hip-Hop geschaffen haben. Die Rapper treten gemeinsam mit Tänzer_innen – *bouncers* – auf, die auf der Bühne den dazugehörigen *bounce* vorführen. Eine Tanzform, bei der der ganze Körper geschüttelt wird, die sich aber hauptsächlich auf den Hintern als fast schon vom Körper losgelöstes Objekt bezieht. Ziel ist es,

---

singt vor einer Ziegelsteinwand, das Video ist in schwarz-weiß gehalten. Der Kontrast des Rasters der Wand zu ihren fast gummihaften Tanzbewegungen und ihrer lebendigen, sehr kontemporären Ausstrahlung zu den schwarz-weiß Bildern verstärkt den Effekt des Neuen und Unverbrauchten. So dient ihr das Sample zwar als Vehikel, sie prägt ihm aber ihren ganz eigenen Stil auf.

[151]   www.youtube.com/watch?v=d6Hhn75rEQw; min 1:09.

den Hintern in möglichst alle Richtungen drehen und zittern zu lassen. Der Beat der Tracks zielt auf die emphatische Vereinnahmung des gesamten Publikums und verlässt sich auf die Ansteckung der dargebotenen *bounce*-Performances. Ein bemerkenswerter Effekt besteht unter anderem darin, dass die Aufteilung in schwule oder heterosexuelle Veranstaltungen bei *sissy bounce*-Besucher_innen aufgehoben ist. Diplo erklärt sich das folgendermaßen: „Sissy Nobby and Big Freedia are both gay, transvestite rappers, but if they bring out the girls to the parties all the guys are gonna come too. It's kind of a strange chain of sequences to get these parties filled. [...] We don't have a segregation between the gay clubs and the straight clubs for sure anymore."[152]

Das beinhaltet auch, dass sich das *ass-shaking* aber eben nicht nur auf weibliches Publikum bezieht, sondern im Gegenteil, viele männliche Hinterteile in zitternder Bewegung auszumachen sind. Trotz dieser Erkenntnis hat Diplo bei der Produktion des „Express Yourself"-Tracks[153] andere Prioritäten walten lassen: „So mitreißend sein Bounce-Track *Express Yourself* auch ist – die Lyrics von Nicki Da B sind vergleichsweise zahm, und die Gesichter der wenigen Männer, die in dem Video zwischen den Frauen beim Arschwackeln zu sehen sind, sind digital verwischt oder sie tragen Masken."[154]

Scheinbar gibt es inzwischen auch vermehrt erfolgreiche Strömungen außerhalb des Mainstreams, queere Bewegungen sind auch im Hip-Hop Genre anzutreffen, - dennoch stellen sie nicht das gewohnte Erscheinungsbild dar. Sie funktionieren im Fall von *sissy bounce* zunächst lokal, was wahrscheinlich unter anderem auf die mitreißende Atmosphäre bei den Live-Performances zurück zu führen ist. Es kann festgestellt werden, dass ein Auflösen und Verschieben der Grenzen vonstattengeht, der viele neue Freiräume eröffnet. Diese errungene Offenheit ist nicht zuletzt auf die Performances und Lebensweisen der *children* aus der *ball culture* zurückzuführen.

---

[152] www.youtube.com/watch?v=aet5bBm6ivs; min 5:44.
[153] www.youtube.com/watch?v=eF1lU-CrQfc&oref=https%3A%2F%2Fwww.y-outube.com%2Fwatch%3Fv%3DeF1lU-CrQfc&has_verified=1.
[154] Kedves, Jan: „Pro Popo" in: Frieze No. 6, Berlin 2012.

Aufführungen von Lebensstil als Vehikel für Einschreibungen

Weitere Aneignungsstrategien auf der Ebene von Übernahmen von Etabliertem, möchte ich anhand der Sape-Bewegung[155], die seit den 1920er Jahren existiert, kurz anreißen. Sie basiert auf der Übernahme – einst kolonialer – Kleidungsstücke und Bekleidungsstile. Das erschöpfende Auf-die-Spitze-Treiben durch Bekleiden in luxuriösester Weise ist Ziel der Performance und bringt den erhofften Segen für den zugehörigen Clan. Der Rück-Einfluss der La Sape-Bewegung aus den Kongo-Republiken auf die Pariser Modewelt lässt sich feststellen. Die Bewegung lässt sich nicht nur in Bildbänden[156] und Filmdokumentationen verfolgen, sondern prägt mit ihren Bildern von Glamour und Armut ein Lebensgefühl der Verausgabung und des Überschwangs, was sich in die Lebens- und Bildwelten der – auch westlichen – Betrachter_innen einschreibt. Die hier zur Schau getragene westliche Haute Couture entgeht dem schlichten Anpassen an eine idealisierte Matrix des Westens in vielerlei Hinsicht. Einerseits durch die Kontrastfolie der kongolesischen Slums oder auch der Pariser Banlieus. Diese Kontextverschiebung bringt eine fast lärmende Sichtbarkeit mit sich, die in keinster Weise an Anpassung denken lässt. Auch die unglaubliche Übertreibung, die von dem Verkehrt-Herum-Tragen von Anzügen – aufgrund der auszeichnenden, teuren Labels im Inneren – über das Übereinanderziehen von allen westlichen Kleidern, die besessen werden, bis hin zum Tragen von Prothesen (dicker Bauch) geht, um den größtmöglichen Eindruck von Überfluss und Reichtum zu erzeugen, schließt eine unsichtbare Anpassung völlig aus.[157] Die Art des Zur-Schau-Tragens der kostspieligen Mode entspricht weder dem Understatement der westlichen Mittelschicht, noch dem überbordenden Luxus der

---

[155] Kongolesischer Kult um elegante Kleidung, bei dem die Protagonist_innen unter Aufbringen aller Möglichkeiten (Reise nach Paris) an die neueste Haut Couture Mode gelangen müssen, um Ansehen zu erlangen. Siehe Loreck, Hanne: „La Sape: Eine Fallstudie zu Mode und Sichtbarkeit im postkolonialen Kontext", S. 261.

[156] z.B. Tamagni, Daniele: „Gentlemen of Bacongo".

[157] Vgl. Loreck: S. 266-267.

Überreichen. Eine eigene Form der Anwendung ebenso wie ein eigener Sinn der Mode wird der Kleidung durch die Sapeurs eingeprägt: Es geht nicht um das individuelle Erfüllen des Traumes reich zu sein oder um das Zeigen einer Identität durch Mode, sondern um das kollektive Wohlergehen des eigenen Clans. Das Umfunktionieren dieser Statussymbole in überlebenswichtige Handlungsstrategien (Verausgabung, Reise nach Europa), die die eigene prekäre Lebenslage außer Acht lassen, sind zum einen erschöpfend bis zum Ende, legen aber zum anderen eine komplett anders geartete Lebensweise nahe. Völlig entgegen dem westlich-rationalistischen Prinzip von Effizienz und Nutzen.

Auch die Jet-Set-Bewegung, deren Mitglieder Teil der prekären ivorischen Bevölkerung in Paris sind, stellt eine Übernahme von extrem luxuriösen Lebensstandards dar, die in absolute Verausgabung und Hineingabe gipfelt: Bei ihren musikalischen Auftritten in Pariser Clubs fingen die Jet Set an, mit Geld und Luxusgütern um sich zu werfen und erzeugten so eine Hyper-Aufmerksamkeit, die es bis nach Abidjan an der Elfenbeinküste schaffte. Hier erfuhr die Bewegung und ihre Musik eine begeisterte Übernahme, breitete sich aus und spiegelte die neuen Einflüsse auch wieder zurück nach Paris.[158] Ein ebenso wenig Vernunft geprägtes Verhalten wie bei den Sapeurs scheint gleichermaßen in Erfolg zu münden. Bei einer Theateraufführung mit Mitgliedern der Jet Set[159] bekam das Publikum eine Kostprobe des verführerischen Verschwendens. In mitreißenden Reden wurde einem von Seiten der Jet Set überzeugend näher gebracht, dass man ihnen jetzt gerne und einfach so sein Geld oder Handy oder andere Wertgegenstände überlassen *möchte*. Und tatsächlich: man möchte. Eine andere Logik von Leben und Ausgeben und Verschwenden.

Um noch auf ein weiteres Phänomen von Übernahme und Einlassung einzugehen, wird im Folgenden das Reenactment kolonialer Herrschaftsdemonstrationen durch die Hauka-Bewegung (ab 1920er Jahre) im Niger, in Mali und dem heutigen Ghana, wie sie in dem ethnografischen

---

158 Vgl. http://buback.de/presse/CDE/.
159 „Betrügen", Regie: Gintersdorfer/Klaßen, Sophiensäle Berlin 2010.

Film „Les Maîtres Fous" von Jean Rouch (1954)[160] festgehalten wurde, dargestellt.[161] Ich werde mich weniger auf die filmischen Errungenschaften und kritischen Leseweisen des Dokuments beziehen[162], als vielmehr auf die zur Aufführung gebrachten Rituale und deren Einbindung im Kontext der Kolonialzeit, die im Film gezeigt werden.

In kulthaften Ritualen werden die britisch-kolonialen Machtzeremonien als Ermächtigungsriten aufgeführt und bringen ihre Teilnehmer_innen in tranceartige Zustände. Die Aneignung der Gebräuche der ehemaligen Kolonialherrscher steigert ihre eigene Macht. Die Mimikry, die hier angewendet wird, ist aber nicht auf eine Anähnlichung angelegt, sondern zielt auf ein Besessen-Werden durch die Geister der Kolonisatoren – die Hauka – ab, welches temporär herbeigeführt wird und wieder vergeht. Die Rituale werden über mehrere Stunden hinweg aufgeführt und finden außerhalb der alltäglichen Umgebung statt. Die Hauka-Geister sind keine abstrakten Essenzen aus den Eigenschaften der Kolonisatoren, sondern stellen tatsächliche Persönlichkeiten dar. Oftmals nach militärischem Rang bezeichnet, haben sie entsprechende Namen: „„Kapral Gardi', der Gardekorporal mit roter Schärpe"[163]. Sie werden in den Performances dahingehend gekennzeichnet (Kleidung, Utensilien), mit den Eigenheiten und Charaktereigenschaften dargestellt und auch beim Namen genannt.[164] Das Darstellen der Rolle erfolgt in überzogener Weise

---

[160] Vgl. Engelke, Henning / Röschenthaler, Ute: „Mimesis und Reflexivität in Jean Rouchs Les maîtres fous"; in: „Mimikry. Gefährlicher Luxus zwischen Natur und Kultur", S. 125.

[161] Auch bei Rouch taucht das Problem der unmarkierten Kamera mit dem weißen Blick auf. Er selbst bleibt aber keineswegs unsichtbar oder ungreifbar, da er den begleitenden Text des Filmes selbst einspricht und auch geschrieben hat. Siehe hierzu auch Engelke/Röschenthaler, S. 124. Jeannette DeBouzek spricht hier von „Einfühlung" in den Gegenstand, der auch eine Veränderung des Filmemachers mit sich bringt. Rouch selbst hat im Jahr 1960 einen Dokumentarfilm gedreht, der als ethnologisches Interesse die Verhaltensweisen der *Pariser* Bevölkerung festhält („Chronique d'un été"), um der Frage nachzugehen, inwieweit Realität im Film überhaupt möglich ist und wie viel Einfluss der Blickwinkel, der Kameramann (Michel Brault) und die Regisseure (mit Edgar Morin) haben. Auf Ebene des Films werden diese Themen diskutiert, die vorgeprägten Perspektiven im Dokumentarfilm aufgezeigt.

[162] Vgl. hierzu Engelke / Röschenthaler, S. 120-125.

[163] Ebd. S. 127.

[164] Ott, Michaela: „Affizierung. Zu einer ästhetisch-epistemischen Figur", S. 66.

und zieht das Auftreten der Person (im ‚echten Leben') ins Lächerliche. Die Mitglieder der Zeremonie werden besessen, mit allen äußerlichen Zeichen dessen, wie Schaum vor dem Mund, was wiederum in absolutem Gegensatz zu den nachempfundenen Ritualen und deren Protagonisten steht.

„Es ist die Fähigkeit zur Besessenheit, eine Fähigkeit, die den Europäern furchteinflößende Andersheit oder gar den nackten Wilden signalisiert, eine Fähigkeit, die es ihnen ermöglicht, die Identität von Europäern anzunehmen und zugleich klar, unwiderruflich und in die Augen stechend von ihr abzustehen"[165], beschreibt Michael Taussig die Wirkung auf die Kolonialherren.

Die Hauka-Bewegung wurde unter anderem aus diesem Grund von den Besatzern strengstens verboten und unter Gefängnisstrafe gestellt. Die Kolonisatoren fürchteten die Wirkmächtigkeit der Rituale ebenso wie den Spott, den diese auch beinhalteten. Die Mitglieder wurden wegen ihrer offenen Opposition zu den Kolonisatoren in der Bevölkerung bewundert und bezogen auch daraus ihre Stärke.[166] Die Teilnehmer_innen kehren von diesen Exkursionen aus der und in die koloniale Welt gestärkt in ihr alltägliches Umfeld zurück.

Interessanterweise werden gerade besonders reglementierte Riten der Kolonisatoren nachempfunden, wie beispielsweise Aufmärsche oder zeremoniell strikt festgelegte Spiele. Diese repräsentativen Handlungen, die selbst schon einen theatralen Charakter besitzen, bekommen durch ihre Wiederaufführung einen parodistischen Zug, die die merkwürdige Konstruktion solcher Zeremonien offenlegt. Ein zusätzlich groteskes Moment kommt rückwirkend in die koloniale Inszenierung dadurch, dass es sich bei den Wiederaufführungen um religiös oder kultisch aufgeladene Rituale handelt. Entsprechend wird das koloniale System ebenso als Glaubenssystem entlarvt, welchem kultisch gehuldigt wird.

Die Aneignung scheint hier sowohl die Eigenschaft der Stärkung der Person, als auch der Überwindung des kolonialen / postkolonialen Systems zur Folge zu haben. Eine Ermächtigung der eigenen Geschichte

---

[165]   Taussig, Michael: „Mimesis und Alterität. Eine eigenwillige Geschichte der Sinne", S. 240.
[166]   Vgl. ebd. S. 239 ff.

findet statt, da die Mitglieder in ihren Zeremonien die Rituale weder mimetisch und linear noch immer gleich darstellen. Vielmehr verkörpern sie die Situationen und handeln durch ihren Körper Interpretationen aus. Sie verleiben sie sich ein. Die Szenarien verändern sich so und gehören nun zum eigenen Verhaltensrepertoire. Diese Einverleibung der fremden und oktroyierten Strukturen anhand ihrer Neuaufführung bewirkt eine Selbstermächtigung der Protagonist_innen, die sich aktiv auf das Leben und die Zukunft auswirkt. Die zurückgewonnene Eigenständigkeit hat eine direkte Wirkung auf das gegenwärtige Selbstverständnis der Mitglieder der Hauka-Bewegung. Auch in post-kolonialen Zeiten finden in manchen Teilen des afrikanischen Kontinents (z.b. Niger[167]) weiterhin Hauka-Rituale statt. Das Einschreiben in die koloniale Vergangenheit anhand von Besessenheitszeremonien schreibt ein Identitätsverständnis auch in der Gegenwart um.

Besessenheitsrituale tauchen in vielen afrikanischen Ländern gehäuft auf. Scheinbar sind sie eine Reaktion auf das Aufeinanderprallen verschiedener, entgegengesetzter Kulturen. Das Einlassen auf neue kulturelle Anforderungen, wie z.b. den Islam im Niger, noch bevor die europäische Kolonisation begann, bringt ein Vermischen von Bekanntem und Neuem mit sich, welches zu Widerstreit führt.[168] Der oft auch als plötzlicher Ausbruch von Besessenheit beschriebene Zustand, der noch in keinem Kult kanalisiert ist, erinnert an Beschreibungen von Hysterie oder Wahnsinn im Paris des 19. Jahrhunderts. Auch hier scheinen neue Lebensumstände, wie der gesellschaftliche Umbruch von einer Ständegesellschaft zur bürgerlichen Gesellschaft und der damit einhergehenden Vergrößerung der Städte und kulturellen Veränderung, sich körperlich Ausdruck zu verschaffen. Das Herausfallen aus der alltäglichen Ordnung wird hier jedoch (psychisch) krankhaft gedeutet, wo es in afrikanischen Zusammenhängen als Besessenheit interpretiert wird.[169] Besessenheitsrituale sind dann auch die Mittel, die diese körperlichen Anfälle unter Kon-

---

[167] Ebd. S. 239.
[168] Vgl. Engelke/Röschenthaler, S. 135.
[169] Siehe auch Ott, S. 54-55.

trolle bringen können: Im Ritual wird einer identitätsstiftenden Verschiebung Raum gegeben, die temporär und beherrschbar ist. In der Salpêtrière unter Jean-Martin Charcot wird die Hysterie ähnlichen Kontrollmechanismen unterworfen: Sie tritt auf, wenn Charcot sie in Vorlesungen vorführen möchte, hält sich an bestimmte Regeln und zeigt immer wieder ähnliche, klassifizierbare Symptome (Verkrümmungen des Körpers, Rötungen etc.). So scheinen körperliche Inbesitznahmen in verschiedenen kulturellen Kontexten auf unterschiedliche Art und Weise interpretiert und kanalisiert zu werden. Gemeinsam scheint ihnen zu sein, dass ihre Ursache im Umbruch kulturellen Selbstverständnisses und in der Unterdrückung liegt. Die Symptome tauchen nur in Zusammenhang mit Publikum auf und sind durch rituelle Handlungen steuerbar.

Letztendlich birgt die Zeremonie der Hauka die Möglichkeit, dem ‚Anderen‘, welches einem täglich entgegenschlägt und was so auch zum Teil von einem selbst wird, Ausdruck zu verleihen. Das Inbesitznehmen der beherrschenden Rollen und deren Umformulierung (Karikatur) birgt indes die Kraft, die die Mitglieder der Hauka daraus ziehen. Auf einer anderen Ebene scheint mir hier das von Bhabha konstatierte „Subjekt einer Differenz, das fast, aber doch nicht ganz dasselbe ist"[170] zu begegnen, in einer sinnbildlichen Manifestation des Zustands: Die kolonisierten Subjekte der afrikanischen Länder stehen vor demselben Ausschluss, den Bhabha für Indien festgestellt hat. Anstelle der mimikry-haften, subtilen Anähnlichung wird den Kolonisatoren ein Spiegel ihrer eigenen Identität in humorvollen, grotesk überzogenen Darbietungen vorgehalten. So scheint der Hauka-Kult nicht nur ein Problem der Identitätsbildung und -aneignung auszustellen, sondern auch politisch relevant und wirkungsvoll zu sein.

„Mimesis stellt offenbar moralische Werte von Wahrheit und Identität in Frage, die die Grenzen des Humors und Kalkulierbaren überschreiten, und daher schnell als Bedrohung wahrgenommen werden. Vorzugeben ein anderer zu sein als man ist, zu manchen Zeiten eine andere Identität anzunehmen als zu anderen, gegen die etablierte Ordnung aufzutreten,

---

[170]   Bhabha, Homi, S. 126.

sind Handlungen, die das Gefühl von Recht, Ordnung und Anstand stra-
pazieren und ein Moment des Subversiven und des Chaos heraufzube-
schwören scheinen. Man hat den Eindruck, dass hier die Nachahmung,
das Bild des Nachgeahmten, mächtiger wird als sein Vorbild. "[171]

So stellt sich einmal mehr die Frage nach dem Original und dem Abbild. Durch die Kopie oder die „Karte"[172] des einen wird die Originalität desselben infrage gestellt. An den Sanktionen, mit welchen derartige Kulthandlungen belegt wurden, lässt sich ablesen, dass dies den Herrschenden durchaus bewusst war.

4. Übernahmen

Ähnliche Phänomene treten auch an anderen Stellen in verdichteten Situationen wie Großstädten auf. Zu erwähnen wären die unterschiedlichen Arten des Karnevals – sei es nun in Köln, Rio oder New Orleans – die auch nur in geregelten Bahnen und zeitlich limitiert geduldet werden. Hier scheint sich ein Überschuss an subversiver, parodistischer Energie zu entladen, eine enthemmte Atmosphäre glücklicher Anarchie ihren Ausdruck zu finden. So ist aber auch gewährleistet, dass alles so bleibt wie gehabt, wenn der ‚Spuk' dann nach einer Woche ein Ende hat.

Auch die Gefahr einer Vereinnahmung subkultureller Bewegungen durch den Mainstream ist auf eine gewisse Weise vorprogrammiert, wenn sie erfolgreich sind. Sie ‚schafft' den Sprung aus der Unsichtbarkeit in die Sichtbarkeit zum Preis ihrer eigenen Vereinnahmung. Kritische Töne werden vielleicht von vielen überhört und übersehen, vielleicht sogar bewusst ignoriert. Dennoch bleiben kleine Verschiebungen übrig, die neue Räume eröffnen, innerhalb derer sich Neuartiges in Spalten verwurzeln oder Hineinbohren kann. Die Unterlaufung des aktuellen Status Quo und dessen Ausweitung erfolgt genau genommen immer, wenn andere Bilder,

---

[171]   Engelke/Röschenthaler, S. 135.
[172]   Nach Deleuze/Guattari.

Vorstellungswelten und Identitätskonstrukte (auch durch den Mainstream) Einzug erhalten. Ob nun bewusst wahrgenommen und in kritischer Selbstreflexion angenommen oder über den Umweg der Gewöhnung an neue Formen und Konstrukte, führt beides zusammen letztlich zum Ziel einer größeren Offenheit der weißen normativen Gesellschaft.

So bemerkt Phelan in ihrem Buch „Unmarked - the politics of performance" in einer Randnotiz, dass sie eine Veränderung von Seiten des Mainstream in Richtung einer gewollten Queerness wahrnimmt. Der Prozess der Anähnlichung hat sich umgekehrt, d.h. es gehört nun ebenso zu einer möglichen Selbstverständlichkeit für heterosexuelle Männer, sich femininer zu kleiden etc. „We are now witnessing the attempt of heterosexual men, for example, to pass as gay"[173]. Oder auch an Madonna und anderen Celebrities ist ein neues Selbstverständnis abzulesen: „Madonna's public flirtation with Sandra Bernhardt is another instance of a straight woman to pass as a lesbian"[174]. Auch wenn dies nur vereinzelte Beispiele sind, sieht Phelan doch eine mögliche Veränderung der binären aufeinander Bezogenheit zwischen Hetero- und Homosexualität. Die unmarkierte Position weißer Heterosexueller wird in ihrer scharfen Abzeichnung verwischt, lässt damit auch innerhalb des Spektrums weiblich/männlich mehr mögliche Zwischentöne zu.

---

[173]   Phelan: S. 96.
[174]   Ebd.

V. Überlieferung

Der Begriff Einschreibung lässt sich in vielerlei Hinsicht verstehen und wurde genutzt, um sowohl Textuelles als auch Körperliches zu beschreiben. Im Sinne der Schrift, dem Abstrahierten, Zeichenhaften, lassen sich Diskurse be- und umschreiben. Auf der körperlichen Ebene vollzieht sich die Einschreibung durch Anwesenheit und Teilhabe. Dieser kommen die Bildmedien in ihrer spontanen Aufzeichnungsfunktion entgegen und bieten einen archivierenden Raum an. Auch die unterschiedlichen Möglichkeiten von Einschreibung, die erörtert wurden, haben nicht nur eine momentane Wirkung im Augenblick ihrer direkten Aufführung, sondern bleiben in einem kollektiven oder kulturellen Gedächtnis[175] haften. Geschichte und die damit einhergehende Konstruktion gegenwärtiger Gesellschaft speist sich aus den Erzählungen der Vergangenheit aus einer bestimmten Perspektive. So erläutert Aleida Assmann:

> *„Dieses kulturelle Ziel einer überzeitlichen Dauer scheint eng mit der abendländischen Schriftmetaphysik verbunden zu sein, die den Geist als eine immaterielle, überhistorische Kraft erfand und die Schrift zu ihrem kongenialen Medium erklärte. Im Zeichen elektronischer Speichertechnologie wiederum gilt in der Gedächtnisforschung das Prinzip des permanenten Überschreibens und der Rekonstruktivität von Erinnerungen. "*[176]

Konzepte von Hybridität blenden die konstruierte Erzählform von Geschichte aus einer dominanten Perspektive kultureller Prägung aus und verlassen sich auf die Stabilität und „Sturheit"[177] einzelner Prägungen, die in einem neuen Raum (*Third Space*) Platz finden und ihrerseits Identität

---

[175]   Laut Aleida Assmann werden Ereignisse zunächst im sozialen Gedächtnis („kurzfristig, persönlich") gespeichert, dann ins kollektive Gedächtnis („zeitenthobene Geschichten", „Mythen") übernommen und gelangen ins kulturelle Gedächtnis, wenn sie in Speicher wie Bibliotheken, Museen oder Archive aufgenommen werden. Vgl. Assmann (2006): „Soziales und kollektives Gedächtnis", S. 2-3.

[176]   Assmann, Aleida (1999): „Erinnerungsräume: Formen und Wandlungen des kulturellen Gedächtnisses", S. 20.

[177]   Bhabha (1994), S. 219.

stiften.[178] Alle mimikry-artigen Strategien spielen auf die eine oder andere Weise mit dieser Möglichkeit einer Einschreibung in die Erzählung von Althergebrachtem oder Konventionellem oder bereits Gehabtem oder dessen Relativierung durch das Herstellen neuer Relationen und Lesarten (Irigarays Durchquerungen des Diskurses). Die Frage stellt sich nun darauf folgend, in welcher Weise die Weitergabe der (Er)Neuerungen erfolgen kann. Sind es Bildmedien, vielleicht mehr sogar, als schriftliche Aufzeichnungen? Die heutige Medienwelt bietet zahlreiche Möglichkeiten der bildlichen Aufbewahrung und Vervielfältigung an.

> *„Die Suche nach dem dauerhaften Datenträger, der einen ewigen Fortbestand garantiert, musste ebenso aufgegeben werden wie die Hoffnung auf ein garantiert zeitbeständiges Zeichensystem. An ihre Stelle tritt die permanente Praxis einer Umschreibung der Informationen in eine digitale Domäne. Das Fortkopieren der Inhalte auf immer neue Träger ist freilich mit dem Verlust des authentischen Trägermaterials verbunden.[...] Daten, die konserviert werden sollen, dürfen nicht mehr stillgestellt bleiben, sondern müssen sich auf eine permanente Wanderschaft begeben, um sich wie die Seelen bei der Reinkarnation auf immer neuen Datenträgern zu verkörpern.“[179]*

Diese neue bewegte archivarische Form[180] scheint dem Einschreiben anderer Perspektiven Vorschub zu leisten, der Verzicht auf das ‚authentische' Original kommt dem Zweifel an originalen Vorbildern entgegen.

Der Zugriff auf Wissen, Dokumente, Film oder andere Übermittler ist durch die Vernetzung vielerorts einfach geworden. Das Einspeisen eigener Informationen ebenso. Das Internet stellt einen Hybrid-Raum par Excellence, fast ganz ohne Grenzen, dar. Wissen, Kulturelles, Musik etc. stehen relativ unhierarchisch nebeneinander und Verschmelzen in ihrem benachbarten Dasein keineswegs zu einem homogenen Brei. Es gilt vielmehr, sich den allgemeinen Ordnungsprinzipien – Google – unterzuordnen und Nachbarschaften ansonsten über Links herzustellen. Die eigene

---

[178] Vgl. Bhabha (1993) ab S. 38 ff.
[179] Assmann, Aleida (1999): S. 354-355.
[180] „Transmigration der Daten" genannt, siehe Assmann (1999), S. 355.

Verortung liegt also zunächst einmal in der eigenen Hand. Und der Speicher – oder das Archiv – unterliegt einer sehr niedrigen Schwelle in Bezug auf die Aufnahme von Inhalten, deren Autor_innen keiner Autorisierung bedürfen.

Aber auch schon früher hat es den Speicher von Wissen in Bilderform längst gegeben. Nicht nur die zahlreichen Gemälde und anderen bildnerischen Werke haben klar und deutlich Wissen bzw. gesellschaftliche Zustände beschrieben und gefestigt. Auch Atlanten sind Wissensspeicher, die in Form von Karten und Diagrammen Informationen festschreiben. Hier wird ein Versuch von Verallgemeinerung unternommen, abstrahierte und kondensierte Sammlungen kulturellen Ausdrucks werden abgebildet.[181]

Atlanten sind uns geläufig als Zusammenstellungen geografischer Landkarten, die in Buchform gesammelt die Oberfläche der Erde darstellen, in ihrem Inhalt die Welt beschreiben. Wie die Kugel des Globus in die Fläche projiziert und montiert wird, ergibt einen Abstraktionsgrad, dessen Entschlüsselung mit einer Kenntnis des Lesens derartiger Karten verbunden zu einem Phantasiebild in den Köpfen der Leser_in führt. Dieses abstrakte Bild ermöglicht das Navigieren in derselben Welt, die hier zum Ausdruck gebracht wird.

Neben dieser geläufigen Form des Atlas, gibt es andere Sammlungen und Nachschlagewerke, die atlantenhaft spezifische Topoi ordnen. Im Mnemosyneatlas von Aby Warburg werden Reproduktionen verschiedenster kultureller Bildprodukte abgebildet und in diversen Anordnungen immer wieder neu zueinander in Beziehung gebracht.[182]

---

[181] Im Gegensatz hierzu steht das Album, welches als persönliche Sammlung angesehen werden kann. Hierzu siehe z.B.: Kramer, Anke / Pelz, Annegret (Hrsg.): „Album: Organisationsform narrativer Kohärenz"; aber auch der Atlas wird als Form für persönliche Einschreibungen gewählt, gerade, um das vermeintlich Objektive seiner Konnotation für sich zu nutzen; Siehe hierzu z.B. Bruno, Giuliana: „Atlas of Emotion".

[182] „Im Zentrum von Aby Warburgs Beschäftigung mit einem sozialen Gedächtnis stehen Werke der bildenden Kunst. Fresko, Ölgemälde, Kupferstich, Münze, Foto oder Briefmarke erscheinen bei Warburg als Speichermedien, in denen sich die ,mnemische Energie' der sogenannten Pathosformel über Jahrhunderte hinweg bewahrt, um sich dem Betrachter einer späteren Epoche blitzhaft wieder zu entladen. Warburgs Mnemosyne-Projekt beruht damit auf einer recht unkonventionellen Vorstellung

Ebenso lässt sich „Über den Umgang mit Menschen" (1788) von Adolf Knigge (kurz ‚der Knigge') als ein Atlas des ‚richtigen' Benehmens verstehen. Hier wird anhand einer Offenlegung der gesellschaftlichen Normen und Regeln in bestimmten Situationen und Schichten ein Zugang zu denselben eröffnet, der gerade durch diese Regeln Unwissenden verschlossen werden sollte. Es tut sich also das Paradox auf, dass eine Festschreibung der Norm und ein striktes Korsett korrekten Verhaltens in einem Nachschlagewerk gleichzeitig eine größere Offenheit innerhalb gesellschaftlich festgeschriebener Klassen hervorbringt durch den Zugang, den es allen ermöglicht. Diese hier inne liegende Technik von Offenlegung, Festschreibung und der Möglichkeit eigener Einschreibungen durch die aktive und gleichberechtigte Teilnahme an gesellschaftlichen Ereignissen und damit deren Beeinflussung macht das Regelwerk des ‚Knigge' als Phänomen interessant. Auch hier taucht wieder der schmale Grat zwischen Subversion und totaler Anpassung und somit Festigung der Konvention auf.

All diese Sammlungen schreiben eine Geschichte der kulturellen Ereignisse fest und prägen sie dem kulturellen Gedächtnis ein, sie zeigen die Norm auf, stellen sie her. Hier finden sich die Folien, auf welchen aufgebaut, und nach welchen gehandelt wird.

Zugang zu diesem kollektiven Wissen ermöglicht die Aneignung und Einverleibung des kulturell maßgeblichen Habitus der herrschenden (Ton-angebenden!) Schicht. Die Einschreibungen von Minderheiten in Form von Mimikry oder anderen Maskeradetechniken können durch eine starke Bildproduktion und größtmögliche Verteilung dieser Bilder im Kontext normierter Sehgewohnheiten untergebracht werden. Die Aneignung genormter Ausdrucksweisen des gesellschaftlichen Status Quo wie auch deren massenmedialer Verbreitungstechniken ermöglicht ein aktives Mitschreiben von Gesellschaft. Anders als eine bloße Unterordnung beinhaltet eine Einverleibung eine Verschiebung, eine Zugabe, ein Sich-

---

von Speichermedien, zu deren Funktion es gehört, der Gedächtnisgemeinschaft intensive Emotionen aufsteigen zu lassen, anstatt ihr jederzeit abrufbare Informationen zu vermitteln.", Erll, Astrid: „Medium des kollektiven Gedächtnisses", in: Erll, Astrid / Nünning, Ansgar (Hrsg.): „Medien des kollektiven Gedächtnisses: Konstruktivität, Historizität, Kulturspezifität", S. 8.

Hinein-Geben, welches die Vorgabe erneuert. Die so vollzogene Erneuerung schreibt sich wiederum im kollektiven (Bild-)Gedächtnis ein und wird Teil des kulturellen Kanons.[183]

Ist ein Vorgriff auf zukünftige Einschreibungen und zukünftiges Verhalten als Strategie zur Veränderung der Gegenwart möglich? Das heißt: Kann ein Vorwegschreiben des Kanons für eine imaginierte veränderte Zukunft eine Rück-Einschreibung in die Gegenwart bewirken? Muss die Veränderung des Status Quo in der Gegenwart in einer Fiktion der Zukunft liegen, eine Science Fiction des Zustands der Welt?

---

[183] Assmann nennt diese Figur „zirkular" und bezieht den Begriff auf Identitätskonstruktionen. Siehe Assmann (2006), S. 2.

Anhang

Literaturverzeichnis

Althusser, Louis: „Ideologie und ideologische Staatsapparate. Aufsätze zur marxistischen Theorie", VSA Hamburg Berlin 1977.

Ankele, Gudrun (Hrsg.): „absolute Feminismus", orange-press Freiburg 2010.

Anzaldúa, Gloria: „Borderlands/La Frontera. The New Mestiza.", Aunt Lute Books San Francisco 1987.

Ashcroft, Bill / Griffiths, Gareth / Tiffin, Helen: „The Empire Writes Back: Theory and Practice in Post-Colonial Literatures", Routledge London 1989.

Assmann, Aleida: „Erinnerungsräume. Formen und Wandlungen des kulturellen Gedächtnisses", C. H. Beck München 1999.

Assmann, Aleida: „Soziales und kollektives Gedächtnis", www.bpb.de/system/files/pdf/0FW1JZ.pdf, Datei erstellt 2006, aufgerufen am 10.04. 2014.

Atkinson, Diane: „Love and Dirt: The marriage of Arthur Munby and Hannah Cullwick", MacMillan Verlag London 2003.

Becker, Andreas / Doll, Martin / Wiemer, Serjoscha / Zechner, Anke (Hrsg.): „Mimikry. Gefährlicher Luxus zwischen Natur und Kultur", Edition Argus Schliengen 2008.

Bernold, Monika: „Schwarze Engel?" in: Ellmeier, Andrea / Ingrisch, Doris / Walkensteiner-Preschl, Claudia (Hrsg.): „Gender Performances", Böhlau Verlag Wien Köln Weimar 2011, S. 161-177.

Bhabha, Homi in: Rutherford, Jonathan: „The Third Space. Interview with Homi Bhabha" , in: ders.(Hg): „Identity: Community, Culture, Difference", S. 207-221.

Bhabha, Homi: „The location of culture", Rutledge New York 1994.

Bhabha, Homi: „Die Verortung der Kultur", Stauffenburg Verlag Tübingen 2008.

Borries, Ekkehard: „Schwesternspiegel im 15. Jahrhundert: Gattungskonstitution – Editionen – Untersuchungen", Walter de Gruyter GmbH Berlin 2008.

Boudry, Pauline / Lorenz, Renate: „normal work", b_books Berlin 2008.

Bourdieu, Pierre: „Die männliche Herrschaft", Suhrkamp Verlag Frankfurt am Main 2005.

Brüske, Anne / Miko Iso, Isabel / Wespe, Aglaia / Zehnder, Kathrin / Zimmermann, Andrea (Hrsg.): „Szenen von Widerspenstigkeit. Geschlecht zwischen Affirmation, Subversion und Verweigerung", campus Verlag GmbH Frankfurt am Main 2011.

Bruno, Giuliana: „Atlas of Emotion. Journeys in Art, Architecture, and Film", Verso London 2001.

Busch, Alexandra: „Der metaphorische Schleier des ewig Weiblichen – Zu Luces Irigaray´s Ethik der sexuellen Differenz", in: Großmann, Ruth / Schmerl, Christiane (Hrsg.): „Feministischer Kompaß, patriarchales Gepäck", campus Verlag Frankfurt am Main / New York 1989, S. 117-171.

Butler, Judith: „Das Unbehagen der Geschlechter", Suhrkamp Verlag Frankfurt am Main 1991.

Butler, Judith: „Körper von Gewicht", Suhrkamp Verlag Frankfurt am Main 1997.

Butler, Judith: „Hass spricht. Zur Politik des Performativen", Berlin Verlag 1998.

Butler Judith: „Imitation und die Aufsässigkeit der Geschlechtsidenti-tät", in: Kraß, Andreas (Hg.): „Queer denken. Gegen die Ordnung der Sexualität", Suhrkamp Verlag Frankfurt am Main 2003, S. 144-168.

Butler, Judith: „Gemeinsam handeln", in: „absolute Feminismus", orange-press Freiburg 2010, S. 195-209.

Clarke, Felix: „Ima Read: The Rise Of Zebra Katz", http://sabotage-times.com/music/ima-read-the-rise-of-zebra-katz/, aufgerufen am 12.11. 2013.

Cullwick, Hannah, in: Atkinson, Diane: „Love and Dirt: The marriage of Arthur Munby and Hannah Cullwick", MacMillan Verlag London 2003.

Cullwick, Hannah, in: Lorenz, Renate / Kuster, Brigitta: „sexuell arbeiten", b_books Verlag Berlin 2007_a.

Cullwick, Hannah, in: Lorenz, Renate (Hrsg.): „normal love. precarious sex. precarious work", b_books Berlin 2007_b.

Cullwick, Hannah: „Photographs, 1855-1902", in: Boudry, Pauline / Lorenz, Renate: „normal work", b_books Berlin 2008.

Deleuze, Gilles / Guattari, Félix: „Rhizom", Merve Verlag Berlin 1977.

Doane, Mary Ann: „The Desire to Desire. The Women's Film of the 1940s", University Print Bloomington Indianapolis 1987.

Eifler, Margret: „Postmoderne Feminisierung", in: Knapp, Mona / Labroisse, Gerd: „Frauen-Fragen in der deutschsprachigen Literatur seit 1945", Amsterdam – Atlanta, GA. Rodopi Amsterdam 1989, S. 1-36.

Ellmeier, Andrea / Ingrisch, Doris / Walkensteiner-Preschl, Claudia (Hrsg.): „Gender Performances", Böhlau Verlag Wien Köln Weimar 2011.

Engelke, Henning / Röschenthaler, Ute: „Mimesis und Reflexivität in Jean Rouchs Les maîtres fous"; in: Becker, Andreas / Doll, Martin / Wiemer, Serjoscha / Zechner, Anke (Hrsg.): „Mimikry. Gefährlicher Luxus zwischen Natur und Kultur", Edition Argus Schliengen 2008, S. 120-146.

Erll, Astrid / Nünning, Ansgar (Hrsg.): „Medien des kollektiven Gedächtnisses: Konstruktivität, Historizität, Kulturspezifität", Walter de
Gruyter GmbH Berlin 2004.

Erll, Astrid: „Medium des kollektiven Gedächtnisses: Ein (erinnerungs-)
kulturwissenschaftlicher Kompaktbegriff", in: Erll, Astrid / Nünning,
Ansgar (Hrsg.): „Medien des kollektiven Gedächtnisses: Konstruktivität, Historizität, Kulturspezifität", Walter de Gruyter GmbH Berlin
2004, S. 3-24.

Foster, Gwendolyn Audrey: „Performing Whiteness. Postmodern
Re/constructions in the Cinema", SUNY P Albany NY 2003.

Francois, Menda auf der Internetseite gender across borders:
www.genderacrossborders.com/2010/02/06/part-13-nicki-minaj-and-
the-paradox-of-hip-hop-feminism/
aufgerufen am 23.03.2014.

Friedel, Helmut (Hg.): „Gerhard Richter: Atlas", Verlag der Buchhand-
lung Walther König Köln 2006.

Fuchs, Sabine: „Femininität -Sichtbarkeit – Erkennbarkeit. Lesbische
Körperstilisierungen und die Rhetorik der Visualität", in: „Frauen.
Kunst. Wissenschaft", Heft 33 Juni 2002, S. 56-63.

Fuchs, Sabine: „Widerspenstige Inszenierungen queerer Fem(me)inini-
tät", in: Brüske, Anne / Miko Iso, Isabel / Wespe, Aglaia / Zehnder, Kathrin / Zimmermann, Andrea (Hrsg.): „Szenen von Widerspenstigkeit",
2011, S. 51-72.

Gupta, Archana: „The Role of `Mimicry´in Colonial and Postcolonial Discourse", Vortrag am Department of English, University of Lucknow Januar 2012, https://www.academia.edu/2970593/The_Role_of_Mimicry_in_Homi_Bhabhas_Of_Mimicry_and_Man aufgerufen am 03.02.2014.

Graw, Isabelle: „Die bessere Hälfte. Künstlerinnen des 20. und 21. Jahrhunderts", DuMont Literatur und Kunstverlag Köln 2003.

Grimm, Sabine: „Einfach hybrid! - Kulturkritische Ansätze der Postcolonial Studies", http://www.freiburg-postkolonial.de/Seiten/grimm-postkolonialismus.pdf aufgerufen am 14.03.2014.

Großmann, Ruth / Schmerl, Christiane (Hrsg.): „Feministischer Kompaß, patriarchales Gepäck", campus Verlag Frankfurt am Main / New York 1989.

Heartney, Eleanor: „kunst basics. Postmoderne", Hatje Cantz Verlag Ostfildern-Ruit 2002.

Henley, M. Nancy: „Körperstrategien: Geschlecht, Macht und nonverbale Kommunikation", Fischer Taschenbuch Verlag GmbH Frankfurt am Main 1988.

Hermann, Ingo: „Knigge: Die Biografie", Propyläen / Ullstein Buchverlage GmbH Berlin 2007.

hooks, bell: „Black Looks: Race and Representation", South End Press Boston1992.

Irigaray, Luce: „Das Geschlecht, das nicht eins ist", Merve Verlag Berlin 1979.

Irigaray, Luce: „Speculum. Spiegel des anderen Geschlechts", Suhrkamp Verlag Frankfurt am Main 1980.

Katz, Zebra, in: Clarke, Felix: „Ima Read: The Rise Of Zebra Katz",
http://sabotagetimes.com/music/ima-read-the-rise-of-zebra-katz/
aufgerufen am 12.11.2013.

Katz, Zebra: „Ima Read", Textzeilen nach der Internetseite rapgenius:
http://rapgenius.com/Zebra-katz-ima-read-lyrics
aufgerufen am 2.11.2013.

Kerner, Ina: „Feminismus, Entwicklungszusammenarbeit und Postkoloniale Kritik", Lit Verlag Münster – Hamburg – London 1999.

Knigge, Adolph Freiherr von: „Über den Umgang mit Menschen" (3. Auflage), Insel Verlag Frankfurt am Main und Leipzig 2001.

Kramer, Anke / Pelz, Annegret (Hrsg.): „Album: Organisationsform narrativer Kohärenz", Wallstein Verlag Göttingen 2013.

Kraß, Andreas (Hg.): „Queer denken. Gegen die Ordnung der Sexualität", Suhrkamp Verlag Frankfurt am Main 2003.

Lacan, Jacques: „Encore. Das Seminar Buch XX", Quadriga Verlag Weinheim Berlin 1991.

Lacan, Jaques: „Die vier Grundbegriffe der Psychoanalyse. Das Seminar Buch XI", Quadriga Verlag Weinheim Berlin 1996.

Landry, Donna / MacLean, Gerald (Hg.): „The Spivak Reader", London New York 1996.

Loreck, Hanne: „La Sape: Eine Fallstudie zu Mode und Sichtbarkeit im postkolonialen Kontext", in: Knüttel, Katharina; Seeliger, Martin (Hg.): „Intersektionalität und Kulturindustrie. Zum Verhältnis sozialer Kategorien und kultureller Repräsentation", transcript Verlag Bielefeld 2011, S. 259-282.

Lorenz, Renate / Kuster, Brigitta: „sexuell arbeiten", b_books Verlag Berlin 2007_a.

Lorenz, Renate (Hrsg.): „normal love. precarious sex. precarious work", b_books Berlin 2007_b.

Lorenz, Renate: „Queer Art. A Freak Theory", transcript Verlag Bielefeld 2012.

Meyer, Anne-Rose / Sielke, Sabine (Hrsg.): „Verschleierungstaktiken. Strategien von eingeschränkter Sichtbarkeit, Tarnung und Täuschung in Natur und Kultur", Peter Lang Internationaler Verlag der Wissenschaften Frankfurt am Main 2011.

Nandi, Miriam: „Gayatri Chakravorty Spivak. Eine interkulturelle Einführung", Interkulturelle Bibliothek Band 73, Traugott Bautz GmbH Nordhausen 2009.

Ott, Michaela: „Affizierung: Zu einer ästhetisch-epistemischen Figur", edition text + kritik München 2010.

Phelan, Peggy: „UNMARKED. the politics of performance", Taylor & Francis e-Library 2005.

Plößer, Melanie: „'Lass mal hier die richtigen Bitches ran!' Möglichkeiten und Grenzen performativer Widerspenstigkeit", in: Brüske, Anne / Miko Iso, Isabel / Wespe, Aglaia / Zehnder, Kathrin / Zimmermann, Andrea (Hrsg.): „Szenen von Widerspenstigkeit. Geschlecht zwischen Affirmation, Subversion und Verweigerung", campus Verlag GmbH Frankfurt am Main 2011, S. 31-50.

Pritsch, Sylvia: „Rhetorik des Subjekts.", transcript Verlag Bielefeld 2008.

Riemer, Nathanael: "Zwischen Tradition und Häresie. `Beer Sheva´ - eine Enzyklopädie des jüdischen Wissens der Frühen Neuzeit", Harrassowitz Verlag Wiesbaden 2010.

Riviere, Joan: „Weiblichkeit als Maskerade", in Ankele, Gudrun (Hrsg.): „absolute Feminismus", orange press Freiburg 2010, S. 160-171.

Robinson, Hilary: „Reading Art, Reading Irigaray: The Politics of Art by Women", Tauris I B 2006.

Rutherford, Jonathan: „The Third Space. Interview with Homi Bhabha", in: ders.(Hg): „Identity: Community, Culture, Difference", S. 207-221.

Seier, Andrea: „Remedialisierungen: Zur Performativität von Gender und Medien", Dissertation vorgelegt Ruhr-Universität Bochum 2005.

Simson, Ingrid: „Umdeutungen antiker Widerspenstigkeit", in: Brüske, Anne / Miko Iso, Isabel / Wespe, Aglaia / Zehnder, Kathrin / Zimmermann, Andrea (Hrsg.): „Szenen von Widerspenstigkeit. Geschlecht zwischen Affirmation, Subversion und Verweigerung", campus Verlag GmbH Frankfurt am Main 2011, S. 73-98.

Spivak, Gayatry: „French Feminism in an International Frame", in: Feminist Readings: French Texts / American Contexts", Yale French Studies Nr. 62 USA 1981, S. 154-184.

Spivak, Gayatri: „In Other Worlds", Routledge New York 1987.

Spivak, Gayatry: „The Post-Colonial Critic", London / New York 1990.

Spivak, Gayatry: „Can the Subaltern Speak?", in: „Die Philosophin", Nr. 27, edition Discord Tübingen 2003, S. 42-58.

Taussig, Michael: „Mimesis und Alterität. Eine eigenwillige Geschichte der Sinne", Europäische Verlagsanstalt Hamburg 1997.

Vogl, Heidemarie: „Der ‚Spiegel der Seele'. Eine spätmittelalterliche mystisch-theologische Kompilation", Meister-Eckhart-Jahrbuch Beihefte, Heft 2, Verlag W. Kohlhammer Stuttgart 2007.

Wex, Marianne: „‚Weibliche' und ‚männliche' Körpersprache als Folge patriarchalischer Machtverhältnisse", Verlag Marianne Wex 1979.

www.en.wikipedia.org: ‚bling-bling', aufgerufen am 20.03.2014

www.urbandictionary.com: ‚swag‘,
aufgerufen am 20.03.2014

www.urbandictionary.com: ‚pop a cap‘,
aufgerufen am 20.03.2014

Abbildungen

Abb. 1: Wex, Marianne: „‚Weibliche' und ‚männliche' Körpersprache als Folge patriarchalischer Machtverhältnisse", Verlag Marianne Wex 1979, S. 12 und S. 13

Abb. 2: Wex, Marianne: S. 18

Abb. 3: Wex, Marianne: S. 15 und S. 43

Abb. 4: Henley, M. Nancy: „Körperstrategien: Geschlecht, Macht und nonverbale Kommunikation", Fischer Taschenbuch Verlag GmbH Frankfurt am Main 1988, S. 206

Abb. 5: Wex, Marianne: S. 17 und S. 55

Abb. 6: Arrizabalaga, Facundo : „No Pants Day 2013", Bildnummer 36151875, picturealliance.com

Abb. 7: Wex, Marianne: S. 270-276

Abb. 8: Filmstills aus dem Musikvideo „Ima Read" (2012) von Zebra Katz ft. Njena Reddd Foxxx auf: http://vimeo.com/34982652 aufgerufen am 20.01.2014

Abb. 9: Zebra Katz: Filmstills „Ima Read"

Abb. 10: Zebra Katz: Filmstills „Ima Read"

Abb. 11: Zebra Katz: Filmstills „Ima Read"

Verweise auf Filme und Musikvideos

Amoussou, Sylvestre: „Africa Paradis" (2006), Spielfilm

Azealia Banks: „212" (2012), auf: http://www.y-outube.com/watch?v=i3Jv9fNPjgk
aufgerufen am 21.03.2014

Livingston, Jennie: „Paris is Burning" (1990), Dokumentarfilm

Nicky Da B: „Express Yourself" (2012) auf: http://www.y-outube.com/watch?v=aet5bBm6ivs
aufgerufen am 12.03.2014

Macklemore: „Thrift Shop" (2012) auf: http://www.y-outube.com/watch?v=9IS2n3WSxHk
aufgerufen am 12.03.2014

Pourriat, Eleonoré: „Majorité Opprimée" (2010) auf: http://www.inde-pendent.co.uk/arts-entertainment/films/features/majorit-opprime-its-a-womans-world-9120174.html
aufgerufen am 28.02.2014

Zebra Katz: „Ima Read" (2012), Regie Ruben Sznajderman auf:
http://vimeo.com/34982652
aufgerufen am 20.01.2014

Rouch, Jean: „Les Maîtres Fous" (1954), Dokumentarfilm

Substanz

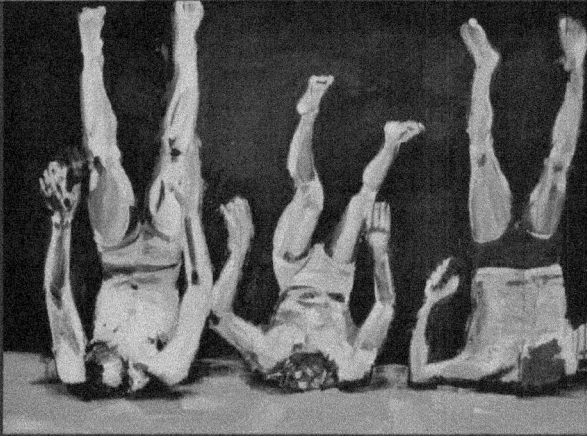

Antje Neumann

Geschlechterverhältnisse verändern.
Formen queer-feministischer
Interventionsstrategien

marta
press

Marta Press, September 2016
280 Seiten, ISBN: 978-3-944442-23-5
28,00 € (D), 29,00 € (AT)

www.ingramcontent.com/pod-product-compliance
Lightning Source LLC
Chambersburg PA
CBHW030543270326
41927CB00008B/1491